Tino Merz

Umweltkranke

wissenschaftlich anerkannt, rechtlich ausgegrenzt

Bloggingbooks

Impressum / Imprint
Bibliografische Information der Deutschen Nationalbibliothek: Die Deutsche Nationalbibliothek verzeichnet diese Publikation in der Deutschen Nationalbibliografie; detaillierte bibliografische Daten sind im Internet über http://dnb.d-nb.de abrufbar.
Alle in diesem Buch genannten Marken und Produktnamen unterliegen warenzeichen-, marken- oder patentrechtlichem Schutz bzw. sind Warenzeichen oder eingetragene Warenzeichen der jeweiligen Inhaber. Die Wiedergabe von Marken, Produktnamen, Gebrauchsnamen, Handelsnamen, Warenbezeichnungen u.s.w. in diesem Werk berechtigt auch ohne besondere Kennzeichnung nicht zu der Annahme, dass solche Namen im Sinne der Warenzeichen- und Markenschutzgesetzgebung als frei zu betrachten wären und daher von jedermann benutzt werden dürften.

Bibliographic information published by the Deutsche Nationalbibliothek: The Deutsche Nationalbibliothek lists this publication in the Deutsche Nationalbibliografie; detailed bibliographic data are available in the Internet at http://dnb.d-nb.de.
Any brand names and product names mentioned in this book are subject to trademark, brand or patent protection and are trademarks or registered trademarks of their respective holders. The use of brand names, product names, common names, trade names, product descriptions etc. even without a particular marking in this works is in no way to be construed to mean that such names may be regarded as unrestricted in respect of trademark and brand protection legislation and could thus be used by anyone.

Coverbild / Cover image: www.ingimage.com

Verlag / Publisher:
Bloggingbooks
ist ein Imprint der / is a trademark of
OmniScriptum GmbH & Co. KG
Heinrich-Böcking-Str. 6-8, 66121 Saarbrücken, Deutschland / Germany
Email: info@bloggingbooks.de

Herstellung: siehe letzte Seite /
Printed at: see last page
ISBN: 978-3-8417-7135-3

Copyright © 2013 OmniScriptum GmbH & Co. KG
Alle Rechte vorbehalten. / All rights reserved. Saarbrücken 2013

Inhaltsverzeichnis

Vorwort -...3

der Autor, das Thema chronisch Vergiftete („Umweltkranke")....................3

Einführung in das Problem -..5

die Demontage des Standes der Wissenschaft...5

Charakteristika chronischer Vergiftungen (Umweltkrankheiten)..............11

Symptomvielfalt – typisch für Vergiftungen...13

Chronisch - Sie heilen nicht..14

Psycho" kostet mehr als 50 Mrd. jährlich..15

Psycho II – 50% betroffen..18

Hyperreagibles Bronchialsystem – BK 4201 und 4202............................21

Definitionen der häufigsten Umweltkrankheiten (Diagnosekriterien).......21

Wissenschaftliche Entwicklung am Beispiel von MCS............................26

Deutungshoheit und Desinformation: die Gutachter...............................28

Wissenschaftlicher Kopfstand...29

Frei Erfundenes – Gutachten als Kunstwerk..31

Hyperreagibilität – systematische Fehldiagnose....................................32

BG zieht Gutachten zurück..34

MCS – eine Phantomdiskussion..34

Täuschung – lukrativer als Sachverstand..36

Gastbeitrag: Chemieindustrie bezeichnet Kranke als "Ökochonder"......37

Erlanger Fake – Vertauschung von Ursache und Wirkung 39

Recht: Körperverletzung 40

Innenraum und Körperverletzung 42

Schulen und immer wieder Schulen 43

Umweltkranke und Rechtsschutz 45

Die Berichterstattung - falsche Aufreger und falsche Normalität 50

TCP – Nervengift im Flieger 52

Mischintoxikationen im Cockpit 53

Dioxin – RP führt Öffentlichkeit in die Irre 54

Dioxin – Fettrecycling 55

Was nun? 56

Vorwort -

der Autor, das Thema chronisch Vergiftete („Umweltkranke")

Der Autor arbeitet seit 1983 als Gutachter in Sachen Umwelt. Zuerst war es die Müllverbrennung mit ihrem Schadstoffcocktail. Bereits da – und die 80er Jahren waren Gold gegen heute – war die Hauptarbeit ideologische Märchen zu widerlegen, wie etwa „Energierecycling" oder MV als „Dioxinsenke". Es ist schon erstaunlich, wie leicht intelligente, fachlich gute Leute bereit sind, reinen Unfug nachzubeten, wenn es karrieregünstig oder einfach nur psychisch leichter ist. In Bezug auf die Vergifteten wurde 1995 der „Ökochonder" erfunden.

Auf Anregung des Verlags wurden einige Blogs thematisch geordnet und mit leitenden und überleitenden Kommentaren versehen.

Die Blogartikel selbst entstehen durch Anregung von außen. Diese Anregungen haben die Form von Akten. Das ist nicht langweilig. Gutachter ist wohl auch kein Traumberuf, aber die Wenigsten wissen, dass da durchaus ein Thrill drin ist: auch sie bewegen nämlich die Welt und das seit mehr als zweitausend Jahren: Quod non est in actiis, non est in mundo (was nicht in den Akten steht, existiert nicht für die Welt). Diese Wahrheit gilt noch heute. Viele würden weniger staunen und es gäbe auch weniger Grund zur Empörung, wenn alle wüssten, was in den Akten, die für die Lebenswirklichkeit des Einzelnen so wichtig sind, steht und warum. Da findet man die Gründe für die Entscheidungen. Das ist die Welt der Gutachten und der Gutachter.

Meine Blogs zeigen, was da vorgeht. Es geht um Entscheidungen und um Schicksale. Auf der Aktenebene kann man leicht Fehlinformationen einbringen, die verheerende Folgen haben und obendrein für lange Zeit nicht korrigiert werden – es ist dann „festgeklopft".

Manchmal dringen solche Dinge in die Öffentlichkeit, wenn es etwa um Gorleben geht, und die Versprechungen der Ingenieure. Da protestieren viele. Chronisch Vergiftete dagegen sind immer allein.

Obwohl wissenschaftliche Erkenntnisse genug vorhanden sind, werden sie allein gelassen, stets mit der Ausrede, man müsse die Entwicklung abwarten.

Chronische Erkrankungen werden allgemein noch nicht verstanden – wissenschaftlich schon, aber die Allgemeinheit glaubt nicht, dass diese Ansammlung von unspezifischen Allerweltssymptomen wirklich eine Krankheit ist. Sie glaubt, es werde schon werden, in Wirklichkeit wird es aber schlimmer. Sie glaubt, so etwas sei selten oder altersbedingt.

Dieses Zivilisationsrisiko, mitten aus dem Leben heraus und ohne Heilung zu erkranken als mittlerweile ganz normaler Vorgang, gibt es massiv erst seit dem zweiten Weltkrieg, nachdem die Kampfstoffe „friedlich" genutzt wurden und Bau ohne Chemie kaum noch vorstellbar erscheint.

Einführung in das Problem -

die Demontage des Standes der Wissenschaft

In einer Informationsgesellschaft wird Bedeutung und Deutung immer wichtiger, da es kaum noch selbsterklärende „Tatsachen" gibt. In der Wissenschaft gab es die noch nie. Um welche Frage es auch immer geht, immer sind es Modelle, die auf verschiedenen Annahmen beruhen, und die dann zu einer Aussage führen. Die Klimakatastrophe war lange Zeit Modellrechnung. Erst seitdem die Gletscher schmelzen und Hurricans heftige Kosten verursachen, wird sie als Realität empfunden. Doch sofort wird erneut gegengesteuert: Klimawandel ja, aber CO_2 sei nicht die Ursache.

Besonders weit ist die Schere von Theorie und Praxis bei Umweltkranken. Es gibt Millionen chronisch Kranker, deren Krankheitsbild definiert ist und deren verursachende Hauptkomponenten bekannt sind, aber die Opfer gelten als Spinner und es werden ihnen ihre verfassungsmäßigen Rechte vorenthalten.

Wie das sein kann, davon soll hier die Rede sein. Für diesen Prozess ist der Verfasser Zeitzeuge und zwar in der Funktion des Gutachters. Seit den 80er Jahren wurde die *Rücknahme* eines bereits erarbeiteten Standes gesicherten Wissens systematisch durchgesetzt, erst in den rechtlichen Vorschriften - und wie die einleitenden Beispiele zeigen - bis hinein in das allgemeine öffentliche Bewusstsein.

Wenn eine Situation unglaublich ist, ist es oft äußerst schwer, diese glaubhaft darzustellen. Die rationale Analyse ist nicht schwer, aber keiner glaubt das Ergebnis. Gegen Vorurteile fällt die rationale Analyse immer hinten runter. Nur Urteile kann man widerlegen, Vorurteile nicht. Die Vernunft bekommt ihre Chance erst durch große Anstrengungen.

Artikel über Umweltkrankheiten und Berichte über chronisch Vergiftete hatten anfangs den Touch von Pranger: da wollen sich welche wichtig machen. Die Ärztezeitung erfand 1995 den „Ökochonder". Das war klug gewählt, denn vielen ging die Moralpaukerei der „Ökos" langsam auf die Nerven. Andererseits hat die Ökoscene bis heute nicht den Mut zu denken, dass auch die Spezies Mensch gefährdet ist. Oft fand sich in Erklärungen der Bundesregierung, da die Lebenserwartung nicht sinke, sei alles in Ordnung.

Die Schadstoffe wirken nur bei Krebs auf die Mortalität. Was unübersehbar zunimmt ist die Morbidität – langes Leben und langes Leiden ist das Ergebnis.

Die Menschen mit den vielen Symptomen werden als Exoten betrachtet. Kerner hat das in seiner Show so ausgedrückt: es gibt zwar viele solcher Kranker, aber die Krankheit gibt es nicht – so jedenfalls das Rechercheergebnis. Der in der gleichen Sendung befragte Experte hat vieles gesagt, aber nicht das Entscheidende, nämlich dass die Krankheit des Showgastes „MCS", jene drastische Empfindlichkeit gegenüber Chemikalien, die andere vertragen und die auch der Erkrankte früher vertragen hat, bereits 1987 definiert wurde und auch auf WHO-Ebene anerkannt ist. Das hat er sich nicht getraut und das hat zumindest in Deutschland noch keiner verstanden: die wissenschaftlichen Ergebnisse der 70er und 80er Jahre erlauben es, die Krankheiten zu definieren, die als Folge dauerhaft hoher chronischer Belastung mit Toxinen entstehen. Ja, in den 80er Jahren war auch die chemische Analytik soweit, dass wir erkennen konnten, dass die Formel normal = gesund nicht mehr gilt. Das Umweltgutachten von 1987 nennt mehrere Substanzen, bei denen die Belastungsgrenze erreicht ist: Dioxin, PCB, „einige Pestizide", Cadmium, Blei und Nitrat im Trinkwasser:

$$Normal \neq gesund$$

Die neue Formel ist wissenschaftlicher Fakt und auch vom höchsten deutschen Gremium anerkannt. Sie gehört damit zum allgemein anerkannten Stand der wissenschaftlichen Erkenntnis. Dieser muss erwarten lassen, dass Leute krank werden, was ja auch geschieht, aber diesen Leuten wird nicht geholfen, im Gegenteil es wird alles getan, ihnen ihr Recht vorzuenthalten.

Die deutsche Medizin hat die Entwicklung völlig verschlafen. 99% aller deutschen Mediziner wissen nicht, wie eine chronische Vergiftung aussieht und reagieren nicht positiv, wenn der Patient die Diagnosekriterien liefert. Sie wissen auch nicht, dass das große Blutbild keinen Beitrag zur Diagnostik liefert. Die wenigen engagierten Umweltmediziner mühen sich mit neuen Laborparametern ab, aber wissen nicht, dass Krankheiten wie MCS, CFS, TE etc.[1] längst definiert und genügend wissenschaftlich erforscht sind. Sie wissen

---

[1] MCS=multiple Chemikaliensesitivität, CFS=chronische Fatiqusyndrom, TE=toxischer Enzepahlopathie, TPNP=toxische Polyneuropathie, FM=Fibromyalgie, HRB = hyperreaktives Bronchialsystem und die gro0e Bandbreite der Allergien sind die häufigsten.

zwar medizinisch weiter, aber sind nicht fähig, den einen Satz auszusprechen, der den vielen Kranken aus dem gesellschaftlichen Abseits heraushelfen könnte, nämlich dass diese Diagnosen definiert und anerkannt sind.

Unsere – deutsche - Umweltmedizin ist eine Art Quereinsteiger, der zwar die aktuelle Diskussion kennt und auch mitreden kann, aber die Grundlagen nicht kennt.

Wie gesagt, Vernunft ist ein mühsames Geschäft. Für mich begann sich die Notwendigkeit solcher Mühe abzuzeichnen, als sich herausstellte, dass es leichter war ein fehlerhaftes offizielles Dokument oder inkompetente Stellungnahmen von offizieller Seite zu korrigieren, als jenen zu helfen, die davon betroffen waren.

In den 80er Jahren wurden noch PCB-verseuchte Gebäude abgerissen. Heute bleiben die VOC-verseuchte Gebäude erhalten, Kritik wird niedergemacht und die Opfer eingeschüchtert. Dabei wird die Grenze von fahrlässiger zu vorsätzlicher Körperverletzung regelmäßig überschritten.

Seit 2000 konnte manchmal ein Bodenbelagaustausch erreicht werden, keinesfalls aber eine Anerkennung oder Entschädigung von Körperschäden. Erkennbares Ziel war und ist es bis heute, die Beurteilungskriterien für Schadstoffe beim alten Niveau zu belassen, so als sei normal=gesund noch gültig. Die PCB-belasteten Schulen wurden abgerissen. Die erkrankten Lehrer aber werden bis heute nicht als vergiftet anerkannt[2]. Wo ist da die Logik? Sie schützt die Verursacher und die Versicherungen vor Rechtsansprüchen der Geschädigten. Darum geht es – logisch!

Wie funktioniert so etwas in einer Informationsgesellschaft, einem Rechtsstaat und einer Demokratie. Kann man wissenschaftlich gesicherte Erkenntnisse, die man nachlesen kann, vernichten?

Ganz offensichtlich ist dies möglich, hocheffektiv und ganz geräuschlos, gegen alles Recht. Das ist die Praxis.

Das war ein langsamer Prozess. Seit dem Ende der 80er Jahre wird zurückgerudert. Da wird da ein Grenzwert aufgeweicht und dort eine schwere Erkrankung – etwa als „Befindlichkeitsstörung" verharmlost – der Unterschied

---

[2] Mit Datum vom 8. Dezember 2006 wurde bei einem die Erkranke als Dienstunfall anerkannt. Die Urteilsbegründung lässt sich aber auf keinen zweiten Fall anwenden.

zwischen akuter und chronischer Wirkschwelle verwischt, schon geht die Orientierung verloren, die Debatte zelebriert jeden Nebenkriegsschauplatz, tja nach heftiger Debatte über mehrere Dinge, die nicht stimmen, kommt dann auch der gesunde Menschenverstand abhanden.

Das Ganze ist oft sehr laut, macht Kopfweh und verleidet den Menschen das Nachdenken. Das wissenschaftlich gesicherte Urteil wird ersetzt durch Autoritäten. Fragt man immer den gleichen Gutachter, dann wird der zur Autorität. Irgendwann kann der sich es gefahrlos leisten, Beurteilungen frei zu erfinden, wenn es denn sein muss. Alle Parteien tragen das derzeit mit und es funktioniert in Exekutive, Legislative und Juridikative gleichermaßen, denn alle werden von gleichen Gutachtern beraten.

Dennoch: kann man den Leuten den gesunden Menschverstand verbieten? Was ist davon zu halten, dass die Kinder frierend im Unterricht hocken, weil gelüftet wird. Nun bekommen sie nicht gleich Kopfweh, sondern frieren. Mit Schadstoffen hat das natürlich nichts zu tun. Wie das Beispiel zeigt: ja, man kann und zwar sogar für längere Zeit. Heute eilt der Gehorsam weit voraus. Wer da nicht miteilt, gilt als unseriös.

Im Folgenden werden die **Charakteristika** von chronischen Vergiftungen dargestellt, damit sich der Leser ein Bild machen kann.

Danach wird das **Zerstörungswerk** diverser Gutachter dargestellt, bis hin zur systematischen Umdeutung durch Studien.

Eine der rechtlichen Folgen ist **Körperverletzung**.

Schließlich bewirkt die systematische Desinformation in Verbindung mit gängigen Vorurteilen, eine Berichterstattung, die ganz ungewohnt eigentlich, schwere Körperschäden mit einem Achsezucken abtut und gezielte Fehlinformation als wissenschaftliche Debatte behandelt.

Die Blogs zeigen Beispiele. Das Ganze soll Aufklärung leisten, wie das funktioniert gegen alle Moral und wie Gesetze unterlaufen werden. Dabei wird der Leser auch auf Wiederholungen stoßen. Bei manchen Themen ist es wohl notwendig sich zu wiederholen, wenn es der Zugang aus verschiedenen Blickwinkeln erforderlich macht.

Charakteristika chronischer Vergiftungen (Umweltkrankheiten)

Der Leser wird sich leichter durch die vielen Winkelzügen der Desinformation durcharbeiten können – oder wollen -, wenn er weiß, was auf dem Spiel steht. Die Desinformation vernichtet Wissen. Dabei werden keine Bücher verbrannt und es funktioniert auch ohne Index. Aber das Wissen ist nicht dort präsent, wo es hingehört: in die Akten, in die Lehrbücher und als Leitparameter in die gesetzlichen Vorschriften (dort, wo konkretisiert wird, was genau gemeint ist, wenn der Artikel 2, Abs. 2 den besonderen Schutz der körperlichen Unversehrtheit extra hervorhebt).

Die Charakteristika der chronischen Vergiftung sind zwar seit etlichen Jahrzehnten bekannt, seit fast drei definiert, aber durchaus ungewohnt. Es ist ein Massenphänomen, aber Begriffe wie Epidemie oder Seuche gehen fehl. Man kann die Frage nach den Charakteristika von chronischen Vergiftungen so zusammenfassen: *viele unspezifische Symptome, die nicht heilen*. Das kann man als Merksatz so stehen lassen.

Der Merksatz ist sogar geeignet für eine erste Verdachtsdiagnose. Ich lege ihn den Medizinern von dieser Stelle aus sehr ans Herz (oder den Patienten, die es vielleicht schaffen, ihren Arzt soweit zu erweichen, dass er sich Meinungen anhört, die in seinen Fachbüchern nicht zu finden sind).

Das Problem ist Folgendes: zum einen wird die Schwere der Erkrankung nicht erkannt. „Mir geht es gar nicht gut" provoziert „Wird schon wieder werden" – es passiert aber das Gegenteil. Es wird auch verkannt, dass diese Schwäche allumfassend ist. Sie betrifft die Energieversorgung der Zellen (mitochodriopathie) und damit unmittelbar die geistigen, mentalen und psychischen Funktionen des zentralen Nervensystems, weil die Neuronen (Nervenzellen) den höchsten Energieverbrauch haben. Das ist eine dauernde schwere Erschöpfbarkeit in Verbindung mit der Unfähigkeit sich zu erholen. Verschärfend kommen heftige Immunreaktionen hinzu. Es sind systemische Reaktionen, d. h. sie können nicht an einem Organ festgemacht werden. Betroffen sind die Steuersysteme des Organismus: Nerven- und Immunsystem, sowie das Endokrinum (die Erzeugung und Verteilung der Körperinformation durch Botenstoffe (Hormone). Das kann sich gegeneinander hochschaukeln, ist als sehr dynamisch und ist über Laborparameter nicht definierbar.

Und das nächste Problem ist: solche Krankheiten sind für die Ärzte ungewohnt. Prof. Heuser, LA, einer der bekanntesten Umweltmediziner weltweit, hat uns auf einem Kongress in Bonn 1998 erzählt, er hätte in seinem Studium noch gelernt: „Wenn ein Patient mit mehr als vier Symptomen kommt, schicken Sie ihn zum Psychiater". So fällt der Groschen zunächst in den falschen Schlitz.

Und schließlich: die Symptome sind alle unspezifisch. Kein Einzelsymptom gibt einen Hinweis. So schreiben Gutachter gern, sie hätten keine spezifischen Hinweise auf Gifte gefunden. Eigentlich haben sie sich dadurch disqualifiziert. Aber jeder glaubt, dies sei ein Gegenargument. Oft kann man noch nicht einmal dem Anwalt, der einen Vergifteten vertritt beibringen, dass das gegen den Gutachter und nicht gegen seinen Patienten spricht.

Das gleiche gilt für die medizinisch-wissenschaftliche wie rechtliche Objektivierung. Viele unspezifische Symptome machen eine chronische Vergiftung wahrscheinlich.

Schließlich muss man verstehen, dass „viele unspezifische Symptome" nicht gleichbedeutend mit „beliebig" ist. Chronische Vergiftungen hinterlassen charakteristische Symptommuster und diese Muster sind in den 80er Jahren als Diagnosekriterien für die häufigsten Krankheiten festgelegt worden. Die Kunst ist dabei, sich auf die wichtigsten, typischsten Symptome zu beschränken. Das erfolgte teilweise auf Konferenzen, die die WHO organisiert hatte.

Es ist bisher gelungen, diesen wichtigen Erkenntnisfortschritt der 80er Jahre aus der öffentlichen Diskussion fernzuhalten und auch aus der Ausbildung der Mediziner. Das ist das große Elend.

Die Definition und ihre internationale Klassifizierung (ICD) sind auf S. 23 ff zusammengefasst. Sie gibt es seit 2009 als Ärzteinformation als Download auf mehreren websites (www.dr-merz.com/).

Im Folgenden etwas Gegengift gegen die Vorurteile:

Symptomvielfalt – typisch für Vergiftungen

Publiziert am 19. September 2011 von Dr. Merz

Es ist wohl so, dass die Debatte wieder von vorn beginnt. Eine neue Website bietet allen, deren Ärzte – manchmal hilflos, manchmal abweisend – die Köpfe schütteln, ein Forum des Austausches und des Miteinander (symptome.ch). Man sieht, es ist ein allgemeines Bedürfnis.

Deshalb muss den Mitgliedern rechtzeitig gesagt werden, dass große Symptomvielfalt ein Hinweis auf eine chronische Vergiftung ist (andere Ätiologie ist die Ausnahme, Vergiftung das Massenphänomen, Psycho ist Unfug). Das ist er allgemein anerkannte Stand der wissenschaftlichen Erkenntnis. Letzteres ist ein Rechtsbegriff und zeigt, dass dies auch rechtliche Wirkung entfaltet. Doch zunächst: warum ist das und wer hat das anerkannt. Gifte stören ein, zwei oder alle drei Steuerungsmechanismen des Organismus: Immun- und Nervensystem und das Endokrinum (Hormone). So erklärt sich sofort die Symptomvielfalt. Der Umweltbeirat (Sachverständigen-Beirat Umwelt (SRU), Bundesebene) hat bereits ins einem 1987 Umweltgutachten festgestellt, dass die Symptome chronischer Vergiftung durchweg unspezifisch sind und dass für etliche Umweltsubstanzen die Wirkschwelle allgemein – d. h. im Durchschnitt – erreicht ist. Das mit dem Psycho wurde erst Mitte der 90er Jahre erfunden und ist die größte menschliche Niederträchtigkeit Ende des letzten Jahrhunderts. Wissenschaftlich gesehen wurde in der Erlanger Studie (1995, Autor: T. Kraus) Ursache und Wirkung vertauscht. Die Umweltgifte schädigen die Nerven und damit auch die psychischen Funktionen. So hatten die Umweltkranken den Schaden und den Spott. Die Studie widerspricht dem hypokratischen Eid und der Verfassung (Art. 2,2; körperliche Unversehrtheit). Je öfter man sie wiederholt desto begründeter erscheint die Psychothese – es kann ja nichts anderes herauskommen. So ist es gemacht worden: die Erlanger Studie (vgl. dazu „Erlanger Fake", S. 45).

Vor der Betrachtung der Symptommuster muss noch darauf hingewiesen werden, dass jene Ausgrenzung, ja gar Beschimpfung chronisch Kranker Körperverletzung darstellt. Schon die Vernachlässigung von Kranken gilt als schädigend (das geschieht praktisch in 99% aller Praxen und Kliniken), eine Diffamierung gar ist aktive Verletzung.

Kommen wir zur Wissenschaft zurück: die einzelnen Symptome sind durchweg unspezifisch (SRU). Dennoch zeigen die Umwelterkrankungen wiederkehrende Muster und diese wiederkehrenden Muster sind als anerkannte Diagnosekriterien festgelegt: TE, TPNP, MCS, CFS, FM. Dazu haben wir (workshop Anerkennungsverfahren in Zusammenarbeit mit CSN) ein Infoblatt herausgegeben. Das hat schon große Verbreitung gefunden. Trotzdem sei noch einmal der Sinn erklärt: die Patienten können damit zu ihrem Arzt gehen (der wird Ausreden suchen und auch finden). Das Ärzteinfo sagt: der Patienten mit den vielen Symptomen ist wissenschaftlich im Recht; es ist am Arzt sich schlau zu machen. (Das gleiche gilt für den Anwalt: mithilfe von ICD-Nr. und Diagnosekriterien kann man Prozesse im eigenen Sinne gestalten): aerzteinfo_edited_5

Chronisch - Sie heilen nicht

Publiziert am 8. Februar 2013 von Dr. Merz

Was ist das besondere chronischer Vergiftungen? Es sind in der Mehrzahl Allerweltssymptome, wie chronische Müdigkeit, Reizbarkeit, Antriebsschwäche u. dergl. Das Besondere: sie vergehen nicht, wie wenn die gleichen Symptome aus einer anderen Stressquelle stammten, statt der toxikologischen. Ja, sie können sogar schlimmer werden, auch wenn die Exposition, d. h. die Belastung mit den auslösenden Schadstoffen beendet ist. Das gab es bisher nicht. Schlaflose Nächte wegen Sorgen gehen irgendwann zu Ende. Erschöpfung wegen Borreliose oder Candida auch, wenn der Infekt erfolgreich bekämpft wurde und das Immunsystem sich beruhigt hat.

Langanhaltender toxikologischer/oxidativer Stress aber führt zu einem chronisch-pathologischen Stoffwechselkreislauf, der sich stabilisiert ohne weiteren Anstoß von außen. Dass etwa neurotoxische Langzeitbelastungen zu irreversiblen Schäden des ZNS (Gehirn) und PNS (peripheres Nervensystem, etwa Taubheit der Extremitäten oder Herzrhythmusstörungen) ist seit den 70er Jahren epidemiologisch bekannt. Nun wissen wir auch, warum nur selten Besserung eintritt. In den 80er Jahren wurden diese Krankheiten klinisch definiert und zwar auf höchster Ebene (WHO). Die deutsche Medizin ignoriert das bis heute. Dabei sind diese Krankheiten leicht zu diagnostizieren: es gibt typische Symptommuster und es ist wichtig diese frühzeitig zu erkennen.

Man kann sich aber darauf verlassen, dass es genügt, dass einige Autoritäten erklären, dies sei rätselhaft und müsse erst erforscht werden. Dass diese Gutachter absichtlich die Öffentlichkeit in Irre führen und damit fortgesetzt

Beihilfe zu Körperverletzung betreiben, kann sich keiner vorstellen und so bleibt es dabei, dass chronisch Kranke in ihrer Existenz und ihrer Persönlichkeit ruiniert werden.

Falsche Urteile kann man widerlegen, Vorurteile nicht. Niemand prüft nach, wenn die Falschaussage dem eignen Vorurteil (und Bequemlichkeit) widerspricht. Unsere Ärzteinformation mit allen Diagnosekriterien, Quellenangaben und ICD-Klassifizierung löst bei keinem Arzt Denkprozesse aus, wenn der Patient damit kommt; Gutachter ignorieren dies, obwohl sie gehalten sind, sich am allgemein anerkannten Stand der wissenschaftlichen Erkenntnis zu orientieren, weil bisher noch kein Gericht ein Gutachten gerügt hat, dass wissenschaftlich um Jahrzehnte obsolet ist. Also: 99% aller Gutachten im toxikologischen Bereich sind nicht nur falsch, sie brechen auch das Gesetz und jede deutsche Praxis ist Erfüllungsgehilfe.

Das muss auch so sein, denn sonst hieße es ja, dass Deutschlands Medizin nicht up to date ist und dass alle fahrlässig handeln – na, das kann nicht sein.

Psycho" kostet mehr als 50 Mrd. jährlich

Publiziert am 29. September 2011 von Dr. Merz

Wenn man etwas falsch macht, kostet es meist mehr, auch wenn Richtigmachen schon teuer ist. Die neue Debatte hat den Namen Burnout. In den Nachrichten wurde erzählt, psychische Erkrankungen würden in der Arbeitswelt zu nehmen. Die IG-Metall weist aus: 27 Mrd € Behandlungskosten (Quelle: Stat. Bundesamt), Produktionsausfall wird mit 26 Mrd. € beziffert (Quelle: BKK-Bundesverband). Eine Umfrage bei den Betriebsräten ergab einen "starken Anstieg", von 2004 bis 2010 um das Zehnfache. Der Spiegel beschäftigt sich lieber mit Promis (Rangnik, Hannawald, …). Alle sind sich einig: "es gibt keine Standarddiagnose", "diffuses" Krankheitsbild, Sven Hannawald war beim Sportmediziner: "Blut abgenommen und alles, es gab keine Ergebnisse". Nicht selten verberge sich dahinter eine "handfeste Depression". Raymond Singer, der weltweit bekannte Neurologe, schrieb in seiner "Neuropsychological Toxikologie" (man beachte das Hauptwort heißt Toxikologie!), dass Depression die häufigste Fehldiagnose für eine toxische Enzephalopathie ist (TE = Hirnvergiftung). Das wurde 1990 publiziert, in der Einerjahren (2000 bis 2010) wurde viel über die Volkskrankheit Depression spekuliert, heute heißt das Spekulationsobjekt Burnout, falsch ist die medizinische Hilflosigkeit: wird der Burnout chronisch heißt die Krankheit CFS. Diese genauso wie die TE sind beide medizinisch-wissenschaftlich definiert (der Spiegel nennt das Standarddiagnose) und beide sind gemäß WHO anerkannt (ICD-10 Klassifikation: G93.3 (CFS) G92.0 (TE)). Das "anerkannt" bezieht sich auf den Rechtsbegriff des "allgemein anerkannten Stand der Wissenschaftlichen Erkenntnis". Die Diskussion darüber blendet Wissenschaft und Recht aus: das macht die Sache so teuer und für die Betroffenen zum katastrophalen Schicksal. Um das in seiner ganzen Tiefe zu erkennen, sind folgende Details wichtig:

Näher an der Wahrheit war das Hamburger Abendblatt (28.09): es zitiert einen Psychiater, der vor allem von Erschöpfung spricht. Das weiß die Psychiatrie schon lange, dass Depression eine (seelische) Erschöpfung ist. Der Rat "häng' nicht 'rum, unternimm' 'was" war schon immer kontraproduktiv. Burnout unterscheidet sich von CFS dadurch, dass man sich vom Burnout erholen kann. Gelingt das innerhalb 6 Monaten nicht, ist es CFS, d. h. es hat sich chronifiziert. Das ist die Definition (Übersicht über alle Definitionen S.23):

Hauptkriterien: rezidivierende, paralysierende Müdigkeit (Leistungsverlust > 50%), ohne Verschwinden durch Bettruhe, über mehr als 6 Monate, Ausschluss anderer Erkrankungen.

Nebenkriterien: Schlafstörungen, zeitweilig Temperatur nicht über 38,6 °C, Halsschmerzen, Lymphknotenschwellungen, Muskelschwäche, Myalgien, Arthalgien, Erschöpfung ohne Belastung, Reizbarkeit, Vergesslichkeit, Konzentrationsstörungen, Photophobie, Pharyngitis

Das ist keineswegs diffus. Zur Klinik gehört auch der Verlauf. Das "plötzlich nichts mehr geht", dieser Gong-Effekt, wie etliche Promis bei Spiegel online berichten, ist typisch. Nichts an diesen Krankheitsbildern ist neu, nichts ist unbekannt.

Seit Ende der 90er Jahre ist auch der grundlegende Pathomechnanismus aufgeklärt. Er heiß Mitochondriopathie. Die Mitochondrien sind Sonderbereiche in der Zelle (im Zytosol), die für die Lieferung biochemischer Energie zuständig sind. Sie sind das biochemische Ende der Atmungskette und machen aus Fett und Kohlehydraten Energie. Da die Nervenzellen mit Abstand die Zellen sind, die den höchsten Energieverbrauch haben, ist obiges Krankheitsbild die logische Folge. Es entsteht nun ein pathologischer Kreisprozess.

Der Entdecker Pall nannte ihn ursprüngliche feedforward-cycle (feedforward ist das Gegenteil von feedback, also etwa: Selbstläufer). Er bleibt, auch wenn die Ursache nicht mehr besteht (etwa die Gifte ausgeleitet wurden). Deshalb wird auch Circulus vitiosus genannt. Das macht die Therapie so schwierig.

Die Diagnose dagegen ist leicht. Typisch ist eine erhöhte Konzentration von Stickstoffmonoxid (NO). Messbar direkt in der Atemluft oder indirekt durch Nitroverbindungen, die es erzeugt (etwa Nitrotyrosin). Die Mitochondriopathie ist also qualitativ wie quantitativ laborchemisch zugänglich. Mit dem üblichen großen Blutbild kommt man der Krankheit freilich nicht bei (das ist zumeist "unauffällig").

Mit dem Psychounfug, der in Deutschland seit der Erfindung des Ökochonder 1995 die normale Rhetorik darstellt (bei den Wissenschaftsredaktionen der großen Zeitschriften war bisher nichts dagegen zu machen), wird seit 16 Jahren jede vernünftige medizinisch-wissenschaftliche Diskussion unterbunden und die wissenschaftlichen Erkenntnisse zu den "Volkskrankheiten" erfolgreich vernichtet.

Wenn die IG-Metall sagt, bei allen klassischen Gesundheitsgefährdungen wie Gefahrstoffen oder Lärm gäbe es konkrete Präventionsregeln, bei arbeitsbedingten Stress jedoch nicht, dann hat sie noch nicht realisiert, dass die offensichtlich Vergifteten meist ihre Rente nicht bekommen, weil sie auf die Psychoschiene abgeschoben werden. Nun wird gleich ein Großteil der Burnout/CFS – Patienten sozusagen pauschal als psychisch krank oder stresskrank in die Ecke der Erkrankungen geschoben, bei denen man halt nichts machen kann.

Die Ursachen für die Mitochondriopathie wird von Pall wie folgt angegeben: Infektionen (unausgeheilte, Borreliose), Allergien, Toxine, Stress. Es geht also primär um das Immunsystem, den oxidativen Stress, systemische Entzündung, chemisch-immunologische Nervenreizung und allergische Kaskaden. Dass freilich sozialer Stress dem nicht gut tut, ist unbestritten.

Der enorme Anstieg der Erkrankungen ist aber dem Mix geschuldet. Auch die Allergien sind gestiegen. Um dem schlussendlich noch die Krone aufzusetzen. Etliche Psychiater (Bell, Mackarness, Rapp) haben sich schon in den 80er Jahren damit beschäftigt, dass viele Allergien (Nahrungsmittel, Schimmel) schwere psychische Reaktionen auslösen können, bis hin zur Psychose.

Diese Rhetorik über Psycho und Stress ist unverantwortlich, ist unmittelbar verantwortlich für die Entstehung sog. hoffnungsloser Fälle, falscher Einweisung in die Psychiatrie, schadet dem Arbeitsleben und kostet der Wirtschaft weit mehr als diese 53 Mrd. €. Mit "Zeitbombe" hat die IG-Metall Recht, aber sie spielt selbst noch mit dem Zünder, ohne das zu wollen und zu wissen.

[1] Schubweise wiederkehrend und lähmende, nicht entspannende Müdigkeit, Myalgie = Muskelschmerzen, Arthalgie = Gelenkschmerz, Pharyngitis = Entz. des Rachenraumes.

Psycho II – 50% betroffen

Publiziert am 12. Oktober 2011 von Dr. Merz

Im Sonntagsradio kam es wieder: steigende Zahlen von psychischen Erkrankungen; diesmal wurde „Burnout" als Modebegriff behandelt, der *„Depression als Volkskrankheit"* etwas bemänteln soll. Der interviewte psychologische Berater einer Diakonie, erklärte, dass 50% der Bevölkerung im Laufe ihres Lebens psychische Probleme zu bewältigen haben. Das ist die Hälfte, jeder Zweite! Das läge daran, dass unser Leben so kompliziert geworden sei. Natürlich ist es heute viel schwieriger, als etwa während Nazizeit, da hat ja Blockwart liebevoll aufgepasst, oder etwa in der guten alten Zeit, in der viele wegen sexueller Probleme erkrankten, über die sie nicht sprechen durften und dann auch nicht konnten. Erst Freud konnte da helfen.

Mit anderen Worten, die These von der stressigen Kompliziertheit heute, entbehrt der Begründung, ja entbehrt überhaupt eines Ansatzes für einen psychogenen Erklärungszusammenhangs. Jene These ist Unfug mit der unwiderstehlichen Attraktivität: Diskussionen kann man so gut vermeiden. Gegenthese: seit der Erlanger Studie ist bekannt, dass Umweltkranken durchweg mit psychischen Problemen zu kämpfen haben. Das haben die Erlanger nicht erfunden. Schon 1985 wurde die toxische Enzephalopathie (TE) von der WHO definiert.

Nach Singer sind psychische Funktionsstörungen Frühsymptome und "Depression" die gängige Fehldiagnose. Der Verlauf gehört zur Klinik und ist sehr hilfreich bei der Diagnose.

Verlauf (nach Singer 1990):

(1) Persönlichkeitsveränderung

    a. Reizbarkeit

    b. Sozialer Rückzug

    c. Demotivation (Störung der ausführenden Funktionen)

(2) Mentale Veränderungen

    a. Probleme des Kurzzeitgedächtnisses

    b. Konzentrationsstörungen

    c. Mentale Langsamkeit

(3) Schlafstörungen

(4) Chronische Müdigkeit, etc.

(5) Kopfschmerzen

(6) Libidoverlust

(7) Taubheitsgefühle in Hand und Füssen (PNP)

(8) Erkenntnis, dass es Defizite bei den mentalen Funktionen gibt.

Nach einer Publikation in umg, bekam ich Anrufe, dergestalt: „Ich dachte Sie hätten über mich geschrieben". Aber warum steigt dieses Krankheitsbild an? Welche Ursachen kann man nennen?

Z. B: Schimmel: jeder weiß, dass das Krebsrisiko steigt, wenn man aus Geiz oder Armut, Schimmel nur abkratzt. Jeder Mediziner weiß, dass dabei auch die Leberwerte schlechter werden. Dennoch wette ich, dass die Ärzte eher den Verdacht auf Alkoholabusus sich nicht werden ausreden lassen. Das Hauptproblem ist aber: Schimmelpilze produzieren eine erkleckliche Anzahl Neurotoxika: MVOC – microbielle flüchtige Verbindungen, Patulin – Zellgift, hemmt Energieproduktion, Citreovirtin, Hyclopiazonsäuere und Penitrem A sind Neurotoxika. Diese sind besonders wirksam, wenn sie inhalativ aufgenommen werden, da sie so direkt ins Hirn gelangen (ohne Entgiftung in der

Leber). Quellen sind i. d. Regel Pfusch am Bau. Es ist die Regel, dass die Bauschäden erstattet werden, die Körperschäden aber heißen „psychisch".

Wer jetzt mitgedacht hat, wird sich oder mich fragen, ob ich denn behaupte, dass es heute mehr Schimmel in den Häusern gibt als früher. Nun, keineswegs, aber die Wirksamkeit der Neurotoxika hat sich dramatisch erhöht. Seit den 70er Jahren gibt es ubiquitäre Belastungen deren "Grenze der Belastbarkeit erreicht" ist: Dioxin, PCB, Nitrat im Trinkwasser, und der Schwermetalle Cadmium und Blei (SRU 1987, (SRU = Sachverständigenrat für Umweltfragen)). Das ist also seit mehr als ein Jahrzehnt wissenschaftlich und amtlich anerkannt. In den aktuellen Gutachten steht meist das Gegenteil. Außer Nitrat und Cadmium sind alle genannten Stoffe Neurotoxika.

Die "neue" Volkskrankheit heiß TE. Dies kann sicher abgeleitet werden.

Hauptverursacher sind vermutlich der VOC-Gehalt der Innenraumluft, dann folgen wahrscheinlich PCB, DDT und Dioxin. OP/Pyrethroide nach Entwesung spielen eine erkleckliche Rolle, schließlich die Zahnmetalle: nur Wenige haben kein Metall im Mund, alle sind sie allergen (TYP IV).

Übertrieben? – kaum, für MCS werden in Studien etwa 15% angegeben, in Sachen Allergien werden offiziell 30% seit Jahren anerkannt. Aber in D wird der umweltmäßig wichtige Typ IV kaum beachtet, die Tests nicht erstattet, die Ergebnisse meist nicht anerkannt. Zu den psychopathologischen Wirkungen von Allergien wird ein weiterer Beitrag folgen (Psycho III), heute soll der folgenden Link genügen:

http://www.csn-deutschland.de/blog/2011/09/13/eine-ikone-der-umweltmedizin-zu-besuch-in-deutschland/

Prof. Doris Rapp (Kinderpsychiaterin) zeigte seit den 80er Jahren wie man Allergiker durch Hyposensibilisierung vor der Einweisung in die Geschlossene bewahrt.

Eine Allergologie nach Stand der Wissenschaft würde die Psychiatrien spürbar entlasten und vor allem "hoffnungslosen Fällen" das Leben zurückgeben.

Hyperreagibles Bronchialsystem – BK 4201 und 4202

Publiziert am 22. Februar 2011 von Dr. Merz

Beim hyperreagiblen Bronchialsystem wiederholt sich, was wir schon bei MCS erlebt haben, nämlich dass die Obstruktion (Eng werden der oberen Atemwege, Atemnot) nur dann auftritt, wenn eine Provokation durch Luftschadstoffe und/oder Nahrungsallergene vorliegt, sowie von sonstigen Belastungen.

Die Gutachter beachten das nicht oder nehmen dies gar zum Anlass, Simulation oder Aggravation zu unterstellen. Die neue VersmedV ist da aber eindeutig: unter Ziffer 8.3 wird die Hyperreagibilität genau definiert. Es kommt für die Bestimmung des Schweregrades entscheidend darauf an, wie oft derartige Reaktionen auftreten. Dies kann man mittels pulmologischer Testung nicht objektivieren.

Der Hintergrund ist folgender: es handelt sich um eine chronische Schädigung des Immunsystems und nicht um eine dauerhafte organische Schädigung der Lunge. Symptome treten demnach nur auf, wenn das Immunsystem in irgendeiner Weise gestresst wird. Dies kann man zwar mittels Provokation testen, allerdings birgt dies ein Risiko. Selbst bei sorgfältiger Steigerung der Provokation kann kein Arzt riskieren, bis zur höchsten Stufe zu gehen.

Juristisch kommt es deshalb darauf an, deutlich festzustellen, dass eine objektive Bewertung (objektiv im juristischen Sinn) sich am Stand der Wissenschaft zu orientieren hat. Das heißt in diesem Fall, dass die Diagnosekriterien der VersmedV maßgebend sind. Der Gutachter, der das nicht beachtet muss sein Gutachten zurückziehen. Sofern er das nicht tut, kann man das Gericht darauf hinweisen. Das funktioniert, sofern alle zusammenarbeiten.

Definitionen der häufigsten Umweltkrankheiten (Diagnosekriterien)

Als Ärzteinformation: www.dr-merz.com/##

In Ergänzung der einleitenden Bemerkungen sei noch einmal betont, dass diese die Folgen aller der häufig verwendeten und teilweise ubiquitären Umweltschadstoffe sind. Es sind tausende von chemischen Stoffen, die uns die Arbeit erleichtern und auch einige Naturstoffe wie die Mykotoxine (Ausscheidungen der Schimmelpilze), die im Wesentlichen zu drei bis fünf Krankheiten führen. Der Organismus wird eben im Kern getroffen und bricht an den schwächsten Stellen.

Entgegen der Meinung vieler (der Öffentlichkeit, der Mediziner der Versicherungen und der Organe der Rechtspflege) sind diese Krankheitsbilder _anerkannte_ schwere organische Erkrankungen. Diese falsche, weil voreilige, Meinung teilen auch engagierte Umweltmediziner, da man ihnen erfolgreich eingeredet hat, es herrsche hier im wesentlichen Forschungsbedarf. Das gilt nur für die Therapie.

Diese falsche Meinung wird auch von Betroffenen geteilt, die sich in ihren Foren über die schlechte Behandlung durch die Gesellschaft beklagen, aber ihren wichtigsten Trumpf, ihr Recht haben sie leichtfertig aus der Hand gegeben, weil sie zuließen, dass der allgemein anerkannte Stand der wissenschaftlichen Erkenntnis – nämlich die anschließend folgenden Diagnosen – noch in der Diskussion seien.

Die folgenden Krankheiten sind medizinisch definiert und besitzen eine ICD-10 – Klassifikation der WHO. Die Diagnosekriterien lauten wie folgt:

Sick-Building-Syndrom (SBS)

– WHO 1982 – ICD-10: T75.8 Kapitel 19 – Verletzungen, Vergiftungen

Haut: Trockenheit, Reizungen, Juckreiz, Ausschlag

Augen: Brennen, Rötung, Bindehautreizung, Tränenfluss

Nase: Trockenheit, Schnupfen, Reizung

Rachen: Kratzen, Heiserkeit, Trockenheit

Lunge: Reizhusten, unspezifische Überempfindlichkeit, Infektanfälligkeit

ZNS: Kopfschmerzen, Müdigkeit, Konzentrationsschwäche, Gedächtnisstörung, Geruchs- und Geschmacksstörungen, Abgeschlagenheit, Gliederschmerzen, rheumatische Beschwerden.

SBS ist in der Hauptsache Folge von VOC (Volatile Organic Compounds, flüchtige organische Verbindungen, Lösemitteln, organische Komponenten von Abgasen). Jedenfalls hat das toxische Profil der VOC im Vordergrund gestanden, als das SBS definiert wurde.

Soweit in Innräumen noch andere Gifte eine Rolle spielen – etwa nach Insektizideinsatz – wird obiges Profil nicht wesentlich verändert.

VOC sind schleimhautreizend, immun- und neurotoxisch. Als Synergisten sind Pestizide (insbesondere Insektizide), Fungizide und Holzschutzmittel abzuklären.

Toxische Enzephalopathie (TE)

– WHO 1985 – ICD-10: G 92, Kapitel 6, Krankheiten des Nervensystems

Schweregrad I (TE-1):

Erschöpfung, Ermüdbarkeit, Konzentrations- und Merkschwäche, Antriebsminderung;

Schweregrad II a (TE-2A):

Persönlichkeitsveränderungen, signifikante Leistungsminderung und sensorische Störungen, Affektlabilität mit depressivem Einschlag, Nachweis: Testpsychometrisch;

Schweregrad II b (TE-2B):

wie II a, zusätzlich Ataxie, Tremor, Koordinationsstörungen und Polyneuropathie nachweisbar;

Schweregrad III (TE-3):

schwere globale Einschränkungen der Gehirnleistung, ähnlich Demenz und Psychosyndromen. Nachweis hirnatrophischer Veränderungen mit CT und MRT.

Verursacher sind Gemische neurotoxischer Stoffe oder Schadstoffgemische mit neurotoxischen Komponenten. Anerkannt als Berufkrankheit ist die TE (ggf. in Verbindung mit einer TPNP) durch Lösemittel (BK 1317).

Multiple Chemische Sensitivität (MCS)

– Konsenskriterien seit 1987 – ICD-10: T78.4, Allergien, nicht näher bezeichnet; Kapitel 19 – Verletzungen, Vergiftungen

1. Die Symptome treten nach Chemikalienexposition reproduzierbar auf.

2. Das Beschwerdebild ist chronisch

3. Das Beschwerdebild wird bereits durch niedrige – zuvor tolerierte – Konzentrationen, die allgemein gut vertragen werden, hervorgerufen.

4. Die Beschwerden bessern sich bzw. verschwinden nach Elimination des Agens.

5. Reaktionen treten gegenüber zahlreichen, chemisch nicht verwandten Substanzen auf.

6. Die Symptomatik umfasst zahlreiche Organsysteme.

Von den verursachenden Substanzen sind seit den 80er Jahren etliche Pestizide (Chlororganika, Organophosphate) und Lösemittel identifiziert. Die Liste wurde von Pall stark erweitert: Organophosphate (OP), Carbamate, die chlorierten Pestizide Chlordan, Lindan, Dieltrin und Altrin, Pyrethroide (beide Arten), Lösemittel (VOC), Kohlenmonoxid (CO), Schwefelwasserstoff (H2S) und Quecksilber (Hg) und als Naturstoffe die Mykotoxine (Schimmel).

Prinzipiell kommen alle sensibilisierenden Stoffe (immuntoxisch) in Frage. Heute sind über 300 sensibilisierende Arbeitsstoffe anerkannt und die Liste wird jedes Jahr länger.

Für die Ätiologie (die Entstehung der Erkrankung) sind immunologische und nichtimmunologische Pathomechanismen seit den 80er Jahren bekannt. Heute kann man die sehr komplexen Pathomechanismen als gut aufgeklärt betrachtet werden. Sie stehen da dem Wissenstand anderer chronischer Erkrankungen wie Parkinson oder MS nicht nach.

Chronisch Fatigue Syndrom (CFS)

– CDC/WHO 1988 – ICD-10: G93.3, Kapitel 6, Krankheiten des Nervensystems

Hauptkriterien: rezidivierende, paralysierende Müdigkeit (Schubweise wiederkehrend und lähmende, nicht entspannende Müdigkeit), (Leistungsverlust >

50%), ohne Verschwinden durch Bettruhe, über mehr als 6 Monate, Ausschluss anderer Erkrankungen (wie etwa das burned-out-Syndrom).

Nebenkriterien: Schlafstörungen, zeitweilig Temperatur nicht über 38,6 °C, Halsschmerzen, Lymphknotenschwellungen, Muskelschwäche, Myalgien (Myalgie = Muskelschmerzen), Arthalgien (Gelenkschmerz), Erschöpfung ohne Belastung, Reizbarkeit, Vergesslichkeit, Konzentrationsstörungen, Photophobie, Pharyngitis (Entz. des Rachenraumes).

Zum Zeitpunkt dieser Definition kannte man den dies alles auslösenden Grund noch nicht. Doch das ist für die Diagnose unerheblich – Diagnosen sind immer klinisch – Symptome + Verlauf – definiert. Der Grund heißt Mitochondriopathie: die Mitochondrien, kleine Einheiten in der Zelle, die die Energie liefern, werden in ihrem Stoffwechsel behindert. Die energiefressendsten Zellen sind die Nervenzellen. Der Pathomechanismus ist also aufgeklärt und kann das Krankheitsbild vollinhaltlich erklären.

Fibromyalgie besitzt eine ICD-10 Klassifikation für organische Erkrankungen (beide werden in einer 2. Auflage dieser Information ergänzen). Auf den engen Zusammenhang mit der TE – Erschöpfbarkeit, Leistungsminderung - sei hingewiesen. Die Ätiologie ist eng mit systemischen Entzündungsprozessen verknüpft, die sich als Mitochondriopathie manifestieren. Typischer Parameter ist erhöhte NO-Konzentration in der Atemluft.

Die ICD-10 Klassifikationen psychischer und psychiatrischer Erkrankungen beginnen mit dem Buchstaben F. Die Psychohypothese ist demnach eine fehlgeleitet Diskussion. In der Folge ist Depression eine der häufigsten Fehldiagnosen.

Der wissenschaftliche Diskurs ist naturgemäß weiter fortgeschritten. Die Krankheitsbilder sind komplex, individuell unterschiedlich und die Anzahl der Laborparameter, die Zugang zum Erkrankungsstatus und zu Therapieansätzen geben, ist sehr groß. Therapieansätze sind: Entgiftung, Hyposensibilisierung, Orthomolekular- und Mitochondrialmedizin. Die richtige Auswahl ergibt sich aus Anamnese und Krankheitsverlauf. Eine gestaffelte Labordiagnostik ist zu empfehlen.

Diese Information soll Fehldiagnosen vermindern helfen, die Akzeptanz chronisch Vergifteter bei ihren Ärzten erhöhen, die gängigen Psychohypothesen endgültig unterbinden und das Vorurteil angehen; es handele sich nicht um neue „Phänomene" und wissenschaftliches Neuland.

Sie ist dringlich, weil den Patienten eine adäquate medizinischer Versorgung zusteht. Die Fälle sind keineswegs selten. Die Prävalenz allein von MCS liegt über 10%. In den meisten Fällen, wissen die Betroffenen nicht einmal, was mit ihnen geschieht. Die Ärzte können ihnen nicht helfen und wenn die Patienten unsere Ärzteinformation (vgl. Anhang) dabeihaben. stellt sich heraus, dass sie auch gar nicht wollen. Sie glauben nämlich fest daran, dass das etwas Neues ist und noch keine wissenschaftlichen Ergebnisse vorlägen. Dagegen helfen Informationen meist nicht, denn es sind Vorurteile.

Wissenschaftliche Entwicklung am Beispiel von MCS

Wenn einer etwas nicht weiß, was schon lange bekannt ist, ist das blamabel, jedenfalls solange er Student ist. Ist er dann Assistent, sieht es anders aus. Da will sein Chef sein System verteidigen. Nach Virchow sind Autoritäten und Systeme die schlimmsten Feinde des Fortschritts.

MCS wurde in Deutschland in den 90er Jahren bekannt. Deshalb glaubte Wissenschaft und Medizin, dies sei etwas Neues. Rechtlich heißt so etwas Forschungsbedarf. Das Vorurteil gilt bis heute und stiftet weiter sein Unheil.

Hier einige Fakten der Medizingeschichte:

1948 entdeckte der Allergologe Theron D. Randolph die chemische Sensitivität, weil er bei einigen Patienten Allergien nur gegen gespritztes Obst feststellte, und publizierte erste Erkenntnisse 1962.

1966 wies die Neurologin Muriel Kailin elektrophysikalisch nach – doppelblind selbstverständlich -, dass Reaktionen auf DDT deutlich unterhalb der Durchschnittsbelastung auftreten können.

1977 - in der 70er Jahren entwickelte Miller die erste Therapie– die Allergie-Neutralisation und in den 80er Jahren kamen weitere Immuntherapien hinzu, etwa durch Rea (TF, ALF).

1987 wurden Diagnosekriterien definiert (Cullen 1987, heute: Konsenskriterien 1999) (s. o. unter Definitionen, S. 25).

1992 rubrizierte die WHO MCS im ICD-10 (International Criteria of Diagnostics – 10. Auflage) unter Allergie. Damit wurde MCS eine anerkannte organische Erkrankung.

1994 publizierte Mitchel die drei wichtigsten Kongresse des NRC (National Research Consil, entspricht etwa unserer Sachverständigenbeiräte auf Bundesebene); dieses Diskussionsniveau hat Europa nie erreicht.

1992 ff - „Chemical Sensitivity" ist ein vierbändiges Standardwerk (3 000 Seiten) von William Rea, publiziert 1992, 1994, 1996 und 1997 – bis heute nicht übersetzt.

1995 - Die Psychothese gibt es erst seit Mitte der 90er Jahre – „Ökochonder" wurde 1995 geprägt durch die Ärztezeitung und verbreitet durch den Spiegel - vorher war 4 Jahrzehnte Konsens, dass MCS organisch bedingt ist.

2003 – erklärt die deutsche Wissenschaft (im Wesentlichen die deutsche Medizin unter der Führung des Robert-Koch-Institutes), man wolle nun dieses unklare Phänomen „MCS" wissenschaftlich erforschen. Das Produkt fiel entsprechend blamabel aus.

2007 – Pall hat die biochemischen Pathomechanismen die von den Schadstoffen zu CFS und MCS führen vollständig aufgeklärt; wir wissen darüber mehr als über Parkinson oder MS.

Die Abfolge zeigt, dass in Deutschland, wie in ganz Mitteleuropa (UK und die skandinavischen Länder bilden eine Ausnahme) die Entwicklung zunächst verschlafen wurde und dann mit Anmaßung der Welt erklärt wurde, dass nun mit deutscher Gründlichkeit Wissenschaft betrieben werde, um aufzuklären, wovon vorher nur unqualifizierte Meinung herrschte.

Bei so viel Überheblichkeit fällt man meist lang hin. Die Studie nannte sich Multicenterstudie. Also mal etwas ganz Außergewöhnliches: etwas zentral Gesteuertes und das gleich mehrfach. Die RKI-Studie dürfte das einzige Ding in der Welt sein, dass mehrere Zentralen hat –also gar keine. Eine Multicenterstudie ist so etwas wie ein schwarzer Schimmel oder ein weißer Rappe, letzteres kommt auf den Blickwinkel an.

Der Sinn dieser Studie liegt auch nur darin, die Existenz von MCS zu bestreiten. Das Mittel dazu ist grober Unfug, der solange als Wissenschaft gilt, bis sich ein relevanter Teil der Medizin dazu entschließt, Unfug auch Unfug zu nennen und nicht Wissenschaft.

Das Schlimme daran ist nicht, dass Allotria in der Wissenschaft vorkommt. Das gab es schon immer (man lese dazu Thomas Kuhn über die sog. Paradigmawechsel in der Wissenschaftsgeschichte). Das Schlimme daran war und ist, dass Umweltmediziner und Patientenorganisationen dies alles so diskutiert haben, als sei es Wissenschaft, das zwar kritisch gegenüber dem Inhalt, aber eben die thematische Ebene „Wissenschaft" akzeptierend. Von dieser Niederlagen haben sie sich bis heute nicht erholt.

Deutsche und mitteleuropäische Patienten bekommen u. a. deshalb keine vernünftige Diagnose und keine Millertherapie und kein ALF; ihnen wird also die mögliche medizinische Versorgung vorenthalten, ja ihnen wird sogar die rudimentärste Normalität eines Patienten-Arzt-Verhältnisses vorenthalten, weil sie stets am verständnislosen Kopfschütteln ihrer Ärzte scheitern. Und der Patient ist vor dem Arzt sehr ohnmächtig, auch wenn er hervorragende Literatur in das Gespräch einbringt.

Die Praxis zeigt, dass die Vernichtung von Wissenschaft hundertprozentig funktioniert hat. Viele der Beteiligten an der RKI-Studie treten auch als Gutachter auf. Das ist ihre eigentliche Funktion.

Deutungshoheit und Desinformation: die Gutachter

Es sind immer die Gutachter, die bestimmen, ob und wie wissenschaftliche Erkenntnis den Menschen hilft oder schadet.

Es geht dabei nie um Wissenschaft, sondern immer um Recht und dessen Durchsetzung. In der Frage der Auswirkung von Chemie und Abgasen auf den Menschen, hat der Umweltschutz, die Umweltmedizin und die Patienten eine Runde um die andere verloren, weil sie nicht wahrhaben wollten, dass es nicht um Wissenschaft geht. Der Rechtsstaat bietet in der Regel faire Chancen, aber der der sie nicht nutzt, wird schwer bestraft.

„Sind wir doch mal ehrlich", sagte mir ein Anwalt bei einem Gespräch über ein Problem der Prozessführung, „am Ende entscheidet doch der Gutachter". In der Tat, bei Sachfragen beauftragt jedes Gericht einen Gutachter. Urteilen darf ein Gericht nur rechtlich. Auch Parlamente beauftragen bei komplexen

Sachfragen Gutachter. Verwaltung und Regierungen ebenso. Das sind meistens die Gleichen.

Der Rechtsstaat basiert u. a. auf der Gewaltenteilung. In solch wichtigen Sachfragen ist sie aufgehoben. Es entscheidet der Gutachter. Der sollte sich an die Wahrheit halten. Doch eine wirksame Kontrolle existiert nicht. Die Gutachter machen deshalb stets, was sie wollen. Die Steuerung dieses Willens erfolgt über Aufstiegschancen. Hier ist etwas aus dem Ruder gelaufen.

Eine Kontrolle ist durchaus möglich, denn Gutachten haben sich an den der Stand der Wissenschaft zu halten. Das ist ein Rechtsbegriff, der von naturwissenschaftlichen Gutachtern meist falsch verstanden wird. Es handelt sich um den „allgemein anerkannten Stand der wissenschaftlichen Erkenntnis" im Sinne eines Abschlusses einer die Diskussion mit abschließender Festlegung. Neue Veröffentlichungen gehören zum wissenschaftlichen Diskurs. Verwechselt man beides, so resultiert eine Phantomdebatte, in der alles vorkommt, nur nicht der Stand der Wissenschaft: die einen lenken erfolgreich davon ab, die anderen haben die entsprechenden Festlegungen, d. h. die Grundlagen in 80er Jahren verschlafen.

Damit steht die Tür für jedwede Willkür weit offen. Im Folgenden die Blüten die so getrieben werden:

Wissenschaftlicher Kopfstand
Publiziert am 7. März 2013 von Dr. Merz

Irreführung bei Gutachten gelingt am besten, wenn man beim Grundsätzlichen ansetzt. Da wagt keiner zu widersprechen. Wenn schon die wissenschaftlichen Regeln auf dem Kopf stehen, sind solche Gutachten mit wissenschaftlichen Mitteln schwer angreifbar.

Seit den Anfängen der modernen Medizin – gemeint ist während und nach der bürgerlichen Aufklärung des 18. Jh – gilt die Epidemiologie als unwiderlegbarer Beweis, die Basis aller Erkenntnis. So weiß man seit dem Ende des 18. Jh, dass Ruß krebserregend ist. Die rußdichte Berufskleidung der Schornsteinfeger hat auch gewirkt. Erst Müller hat 1940 Benzpyren – und später auch andere Polyaromaten (PAK) – als den Stoff identifiziert, der dafür verantwortlich ist. Zur Bestimmung der Wirkstärke braucht es wieder gründliche Epidemiologie.

Die Toxikologie hat die Aufgabe zu erklären, was die Epidemiologie beweist. Deutsche Gutachter machen das andersherum.

Wenn von 17 Benutzern eines Büros 13 erkranken, 5 davon so schwer, dass sie arbeitsunfähig sind, ist es unerheblich, was die Schadstoffmessung ergibt. Vielleicht sind die Grenzwerte zu hoch, oder der wichtigste Stoff wurde nicht bestimmt oder es liegt ein besonders extremer Fall von Kombinationswirkungen vor o. ä.

Die Rechtslage ist entsprechend: bei Auffälligkeiten im Bereich Gesundheit ist Handlungsbedarf gegeben, sind diese signifikant, kann die Kausalität nicht widerlegt werden.

Doch viele Gerichtsgutachter stellen Wissenschaft und Recht auf den Kopf. Wenn der Gutachter findet, die gemessenen Schadstoffwerte erklärten die Beschwerden nicht unabweisbar, dann verneint er die Kausalität.

Im obigen Fall verneinte der Gutachter die Kausalität, weil einzig und allein der gemessene Toluolwert unter dem Grenzwert (MAK) lag. Nun es wurden viele Schadstoffe nachgewiesen. Für viele gibt es noch keine Grenzwerte. Soweit erkennbar, gab es keine auffälligen Werte.

Die VOC insgesamt reichten aber an die toxikologisch kritische Zone heran, aber kein Einzelgrenzwert. Toxikologische Bewertung nach Einzelstoffdaten ist aber seit Mitte der 80er Jahre out, wissenschaftlich falsch und demzufolge auch rechtlich nicht mehr zulässig.

Das zeigt die ganz Misere: deutschen Gutachter bewerten nach einem Wissenstand der 70er Jahre.

Meine Erfahrungen aus den 80er Jahren haben mich überzeugt, dass die toxikologischen Daten nie ausreichen das Risiko zu erkennen. Sie hinken immer hinterher. Man muss die Erfahrungen der Umweltmedizin hinzunehmen.

Jene Gutachter machen das gerade Gegenteil: Der schon genannte Gutachter der Arbeitsmedizin attestiert eine toxische Enzephalopathie und verneint die Kausalität dennoch: er setzt also bewusst unzureichende toxikologische Daten *über* die Umweltmedizin, ja sogar über die Epidemiologie. Der erste Fehler beweist nur, dass die Kenntnislage seit 30 Jahren überholt ist, der zweite Fehler bedeutet, dass Gegenteil herauskommen soll, was wissenschaftlich offensichtlich ist.

Diese Sorte Wissenschaft wenden Sachbearbeiter der Versicherungen schon immer an. Oberstes Kriterium ist Zeitnähe. Das ist simple Akuttoxikologie. Darum geht es nie. Chronische Wirkungen dauern. Beliebt ist auch zu schreiben, es sei toxikologisch unplausibel von einer Giftwirkung auszugehen, wenn das Gift im Körper nicht nachweisbar ist. Das ist es aber fast in allen Fällen nicht mehr: erst wird der Betroffenen krank, dann arbeitsunfähig und viel später beginnt die Ursachenforschung – das Gift ist längst verstoffwechselt, deshalb ist der Betroffene ja krank. Das weiß jeder.

Prozessbetrug ist heute systemimmanent. Aber das traut sich keiner zu sagen.

Frei Erfundenes – Gutachten als Kunstwerk

Publiziert am 22. Januar 2013 von Dr. Merz

Den Sachverhalt mehr oder weniger frei zu erfinden, ist sicherer als einige Details zu ändern. Letzteres ist nämlich nachweisbar und wird auch von Laien verstanden. Referiert der Gutachter aber alle Unterlagen in einem ersten Teil zur Aktenlage, lässt sie aber in seiner Entscheidungsfindung unbeachtet, kann er immer – ggf. auf Befragung – darauf hinweisen, dass sie vollständig zitiert sind.

Ein Mann erkrankt so schwer, dass er seinen Alltag nicht mehr bewältigen kann. Er zeigt alle Symptome einer Bleivergiftung. Auch die Nebenwirkungen sind alle diagnostiziert und dokumentiert.

Es ist auch dokumentiert worden, dass seine innere Bleibelastung über dem Grenzwert lag. Eindeutiger geht es nicht.

Das schert die zwei von der Berufsgenossenschaft bestellten Gutachter nicht. Sie lassen sich etwas einfallen.

Der eine, Prof. der Arbeitsmedizin, bewertet nur den Blutbleiwert von heute. Der ist niedrig. Blei lagert sich mit der Zeit in den Knochen ab. Das ist bekannt. Das steht bereits im Merkblatt über Blei von 1962 (noch gültig). Das ist Stand der Wissenschaft und Gutachten haben sich daran zu halten. Doch manche Gutachter sind gleicher: der heutige Bleiwert ist zu niedrig, basta!

Das Krankheitsbild interessiert ihn auch nicht. Aber zur Absicherung lässt er ein neurologisches Zusatzgutachten anfertigen. Auch der Neurologe ignoriert den Patienten und seine Vorbefunde. Er erklärt unverblümt, der Antragsteller sei schon immer dumm („wenig intelligent") gewesen, eine erworbene negative Veränderung seiner geistigen Fähigkeiten könne er nicht feststellen. Der so Erniedrigte hat sich mit nur Hauptschulabschluss in einer Weltfirma zum Maschinenführer hinaufgearbeitet. Er war dort für Chargen von 1,5 t verantwortlich, alles spezielle Mischungen, bei denen es auch auf das Promill diverser Additive ankommt. Eine reife Leistung. Diese Karriere hat das Blei beendet.

In den beiden Gutachten wird alles ignoriert: der Stand der Wissenschaft (Grenzwerte, Verlauf, Symptome etc) und alle Fakten, die den Bleigeschädigten betrifft (Blutwerte, Diagnosen, Vorbefunde etc.). Die Gutachten lesen sich glatt und kompetent, aber sie haben keinen Kontakt zur Realität. Sie sind freie Erfindung. Das Komplizierte ist: sie enthalten keine Lügen. Sie enthalten so etwas wie Wahrheit überhaupt nicht; es ist frei erfundenen Unfug.

Das ist kein Einzelfall, im Gegenteil. So enthalten Reports der Berufsgenossenschaften zu bestimmten Berufskrankheiten oft eine ganz andere Beschreibung der Krankheiten als die wissenschaftlichen Dokumente (Konferenzen, oft WHO-Ebene), in denen sie definiert wurden.

Aber das interessiert niemanden. Gutachter sind bei uns sakrosankt. Sie können höchstens mal irren.

Hyperreagibilität – systematische Fehldiagnose

Publiziert am 8. Oktober 2012 von Dr. Merz

Hyperreagibilität des Bronchialsystems (HRB) ist oft Folge von Chemiebelastung in der Luft, besonders dann, wenn die Stoffe immunschädigend sind. Es ist eine Immunkrankheit – keine Lungenkrankheit. Atemnot (Obstruktion, eng werden) tritt dann schon bei geringer Luftbelastung auf - ggf. verstärkt bei körperlicher Anstrengung – Tiefgarage, Baumarkt, lange Autofahrt etc. Viele Gutachten verneinen aber eine ernsthafte Erkrankung weil sie fälschlich von einer Lungenerkrankung ausgehen: da die Lungenfunktionen bei HRB Normalbefunde aufweisen (Ganzkörperplethysmographie) wird eine Erkrankung in Abrede gestellt, meist mit der Begründung, die beklagte Atemnot sei nicht objektivierbar. Das ist eine klare Fehldiagnose, denn es wurde die falsche Krankheit überprüft, eine Lungenkrankheit, aber keine Immunkrankheit. Das ist dann auch ein Verstoß gegen die maßgebliche Verordnung und somit rechtlich ein Verstoß gegen die Wahrheitspflicht. Die VersorgungsmedizinV definiert nämlich unter Ziffer 8.3 des Anhangs die obstruktive Atemwegserkrankung mit permanenten Lungenschaden und unter Ziffer 8.5 jene ohne Lungenschaden:

Leichtgradig (selten, leichte Anfälle)..   GdS 0 – 20%

Mittelgradig (häufig, erste Anfälle)..   GdS 30 – 40%

Schwergradig (Serien v. Anfällen)   GdS 50%

GdS steht für Grad der Schädigung (früher MdE) und wird zur Bemessung der Rente bzw. BG-Rente (BK4301 und BK4302) herangezogen.

Die Definition – d. h. die Festlegung der Diagnosekriterien – beachtet den Kern der Erkrankung: die Hyperreagibilität. Die Obstruktion (Engwerden, Asthmaanfall) tritt nur auf, wenn die Atemluft reizende Stoffe enthält.

Diese Kriterien sind objektiv. Objektivierung erfolgt über die Patientenbefragung. Objektivierung im juristischen Sinn läuft über die Diagnose und diese ist klinisch definiert. Es ist mittlerweile die Unart gang und gäbe, dass dem Patienten (Opfer) nicht geglaubt wird. Es werden dann Objektivierungen verlangt, die die Diagnosestellung nicht benötigt. Das ist letztlich Betrug.

Man kann dem entgegenwirken, indem man ambulante Aufzeichnungen mit einem Peak-Flow-Meter anbietet.

Eine HRB kann lebensgefährlich sein. Was von einem Gutachter zu halten ist, der via Ganzkörperpleythismographie "gesundschreibt", überlasse ich dem Leser, wobei er sich nur vorstellen muss, wie ein schwerer Asthmatiker fast bei einem Anfall fast erstickt. So etwas nennen manche Gutachter „leichtgradig" oder gar „nicht objektivierbar".

Aus der Sicht des Gutachters sei an dieser Stelle mitgeteilt, dass man unter Heranziehung der VersmedV auch dagegen vorgehen kann: Fehldiagnose, falsche Krankheitsdefinition (falsche Ziffer, s. o.)

BG zieht Gutachten zurück

Publiziert am 3. März 2011 von Dr. Merz

Die Berufsgenossenschaft (BG) teilte dem SG (Sozialgericht) trocken mit, sie hielte es nicht für sinnvoll, dass der BG-Gutachter zu den Rügen des Anwalts Stellung nehme.

Dieser hatte gerügt, dass ein veraltetes Merkblatt zugrunde gelegt worden war und der BG-Gutachter obendrein die falsche Diagnose kommentiert hatte. Der hatte nämlich nicht das hyperreagible Bronchialsystem – Atemnot bei Provokation (immunologische Reaktion) – getestet, sondern eine andere – mehr statische – obstruktive Erkrankung. In der Sprache der neuen VersmedV (Versorgungsmedizinverordnung) die falsche Ziffer. Das verstehen Juristen.

Es ging um die Kontrolle nach drei Jahren. Ein Techniker mit inhalativer Vergiftung ist zunächst anerkannt worden (BK 4302). Und das von der BG geforderte Kontroll-Gutachten nach drei Jahren sollte überprüfen, ob die obstruktive Erkrankung (Obstruktion ist das Engwerden der oberen Atemwege,

Atemnot) chronisch ist, oder ob Besserung festzustellen wäre. Außerdem ging es noch um den Schweregrad der Schädigung – der war ohnehin strittig.

Mit dem gerügten Gutachten hatte die BG erreicht, dass sie die Zahlungen einstellen konnte. Dieses musste sie nun zurückziehen. Dadurch konnte die übliche Vorgehensweise der BG erfolgreich durchbrochen werden.

In diesem Blogartikel soll als allgemeine Erkenntnis festgehalten werden, dass die konsequente Nutzung der rechtlichen Regelungen zum Erfolg führen kann. Die vielen Niederlagen der letzten 15 Jahre haben ihren Grund darin, dass diese Möglichkeiten nicht genutzt, ja nicht einmal angedacht, wurden.

MCS – eine Phantomdiskussion

Publiziert am 11. September 2011 von Dr. Merz

Die Diskussion um MCS ist heftig und das bereits seit fast zwei Jahrzehnten. Bei solchen Diskussionen stimmt etwas nicht. Die gängige Erklärung ist, man wüßte wissenschaftlich nicht genug. Rechtlich werden die Kranken als Psycho eingestuft oder gar als Simulanten.

Letzteres ist schon deshalb abwegig, weil man eine Frührente über andere bewährte Simulationen leicht bekommt, mit MCS nicht.

Im Folgenden soll gezeigt werden, dass die Psychothese nicht nur nachweislich haltlos ist, sondern auch ungesetzlich, was leider auch von den Betroffenen zum eigenen Schaden bislang ignoriert wurde. MCS ist weder neu, noch unerforscht (vgl. S. 27ff).

Hier nochmals die Fakten, soweit sie von rechtlicher Relevanz sind:

1948 Entdeckung von MCS durch Randolph, weil manche Patienten allergische Reaktionen nur auf gespritztes Obst zeigten.

1962 erste umfassende Veröffentlichung durch Randolph.

1963 Voraussage von Randolph, dass Innenräume mehrfach stärker krank machen als Außenluftbelastung, was sich in den 80er Jahren bestätigte, als die chemische Analytik soweit entwickelt war, dies nachzuweisen.

1966 erster elektrophysikalische Doppelblindnachweis für MCS mit unterdurchschnittlichen Dosen DDT.

1977 erste Immuntherapie durch Miller (Neutralisationsverfahren).

1987 Klinische Definition durch den Arbeitsmediziner Cullen.

1992, 1994, 1996, 1997 Erscheinungsdaten der vier Bände "Chemical Sensitivity" das Standardwerk für MCS von W. Rea, EHC, Dallas, auf der Erfahrungsbasis von 20 000 Patienten.

1995 Erfindung des "Ökochonder" durch die Ärztezeitung und die Psychothese durch die Erlanger Studie.

1999 Entdeckung des chronisch pathologischen Kreislaufs der Mitochondriopathie durch Pall.

2007 Weitgehende Aufklärung der Pathomechanismen, die zu MCS führen für Orgnophosphate, Carbamate, Lösemittel (VOC), die chlorierten Pestizide Chlordan, Lindan, Dieltrin und Altrin, Pyrethroide, Kohlenmonoxid (CO), Schwefelwasserstoff und Quecksilber. Die Mykotoxine erzeugen VOC (MVOC), also gehört auch Schimmel in diese Aufzählung.

MCS ist demnach definiert und wissenschaftlich aufgeklärt. Die wissenschaftlichen Wurzeln gehen tief.

Als allgemein anerkannter Stand der wissenschaftlichen Erkenntnis gelten die Diagnosenkriterien und die WHO-Klassifizierung.

Die Aussage etwa des UBA "das C hätte sich nicht erwiesen" (nano-Sendung) ist nicht nur der lächerliche deutsche Versuch, das Rad neu zu erfinden, es ist auch Revision und – da unbegründet – gesetzwidrig.

Dieser Blogartikel wurde aus Anlass diverser Emailanfragen geschrieben. Es gibt für die Betroffenen keinen Anlass allein auf Moral und Humanität zu setzen; das führt zu nichts, wie die letzten Jahrzehnte gezeigt haben. Der "Stand der Wissenschaft" ist ein Rechtsbegriff. Die Psychothese ist böswillig und unrecht auch im juristischen Sinn; die Diffamierung der Kranken ist Körperverletzung von Kranken. Die SHG's und Patientenorganisationen müssen obige Aufstellung beherrschen und damit ihren Ärzten und Anwälten die Richtung vorgeben. Ohne das geht es nicht. So aber ist es möglich, auch wenn etwa die Korrektur der Vorurteile eines Gerichts mehrere Diskussionsabschnitte erfordert.

Täuschung – lukrativer als Sachverstand

Publiziert am 12. April 2011 von Dr. Merz

Guttenberg wollte den Bericht der Uni über seine Abschreiberei rechtlich verbieten lassen. Journalisten fragen, warum er sich das noch antut. Die Antwort ist: als Täuscher akademisch zertifiziert zu sein, ist auch später nur schwer abwaschbar. Guttenberg könnte noch sprichwörtlich werden wie jener bedauernswerte Johannes Ballhorn.

Täuschung wird aber vielfach sehr gut honoriert, wenn es darum geht etwas durchzusetzen. Guttenberg hat sein Talent an der falschen Stelle eingesetzt. Ob Atomkraft, Energiekonzepte oder Umweltkranke – Atomkraft blockiert vernünftige Energiekonzepte, heißt aber Brückentechnologie, Müllverbrennung wurde zu Energierecycling; Umweltkrankheiten sind definiert, werden aber als psychiatrische Fälle abgewiesen. Die Konstrukteure solcher Umdeutungen machen stets steile Karriere.

Viele glauben, es ginge um Geld. Weit gefehlt. Darum geht es nur am Rande und das auch nur indirekt, nämlich um den Zugang zu Geld. Strom aus Blockheizkraftwerken ist billiger als Atomstrom, richtige medizinische Behandlung ist billiger als falsche. Nein, es geht um Recht und Macht. Es geht um die Marktmacht der Stromkonzerne und es geht darum, dass die Millionen Umweltopfer ihre Rechte nicht einklagen können. So wurden PCB-verseuchte Schulen abgerissen, aber die erkrankten Lehrer nicht anerkannt. So wird reflexartig an jede Meldung über Grenzwertüberschreitungen angehängt, es sei aber nicht gefährlich. Der Rechtsgrund: Gefahrenabwehr erfordert unmittelbares eingreifen. Erst wenn die Belastung so hoch wird, dass sofortige Folgen zu befürchten sind (das kann dann der kreativste Gutachter nicht mehr wegdiskutieren) wird eingeräumt, dass es vielleicht doch nicht harmlos ist.

Es ist aus diesen Gründen ein vitales Interesse der Menschheit, dass sie sich mit Täuschung auseinandersetzt. Denn derzeit sind viele Entscheidungen falsch und folgenreich.

Gastbeitrag: Chemieindustrie bezeichnet Kranke als "Ökochonder"

Publiziert am 28. Februar 2011 von admin

Immer mehr Menschen klagen über Beschwerden durch Umweltgifte.

Die Gefahr heute geht nach Expertenansicht weniger von möglichen Unfällen in Chemiewerken, sondern vielmehr von der schleichenden Verseuchung unserer Alltagswelt durch toxische Substanzen in Produkten aus. Bereits ein Teil der Bevölkerung leidet unter einer Multiplen Chemikalien-Unverträglichkeit (MCS). Die chemische Industrie präsentiert sich gerne als saubere Sache, unterdrückt dabei Forschungsergebnisse und bezeichnet lebensbedrohlich Erkrankte gerne als "Chemiephobiker".

Viele schwer diagnostizierbaren Erkrankungen gehen auf Umweltgifte zurück. Im Interesse von Marktpräsenz und Rendite wird mit der Gesundheit ganzer Bevölkerungsgruppen gespielt. Dr. Tino Merz ist Sachverständiger für Umweltgifte und wird deshalb immer dann gerufen, wenn Menschen über plötzliche Krankheitssymptome klagen. Nachdem sich der Chemiker und Toxikologe durch meterdicke Akten, Messwerttabellen, Untersuchungsberichte und Grundsatzurteile gearbeitet hat, stellt er fest, dass die Schule, die er gerade untersucht hat, VOC vorbelastet ist.

VOC ist ein Überbegriff für flüchtige organische Substanzen, wie sie in Lösungsmitteln vorkommen. Nachdem die Schule renoviert worden war, klagten Schüler und Lehrer über entzündete Augen, Kopfschmerzen und Konzentrationsschwäche. Obwohl die Werte auch sieben Monate nach der Renovierung noch messbar sind, wird ein Gutachter die Werte "relativieren" und raten, regelmäßig zu lüften. Doch der empfohlene drei bis vierfache Raumluftwechsel pro Stunde scheint besonders im Winter völlig absurd.

Auch stellt sich Merz die Frage, warum diese Stoffe trotz ihrer Toxizität weiterhin produziert, verkauft und selbst in öffentlichen Gebäuden verwendet werden dürfen. Die Zahl der Schulen mit einem ähnlichen Problem schätzt der Chemiker auf etwa 5000. Die Vergiftung der Umwelt ging mit der Industrialisierung einher. Erschreckend ist, dass die Luft in den meisten amerikanischen Wohnungen schlechter ist, als in Los Angeles an einem Smogtag. Auch bei uns ist die Luft getränkt mit Lösungsmitteln, Weichmachern, hormonähnlichen Substanzen, Rückständen von Medikamenten im Trinkwasser und Schutzmitteln gegen Feuer und Frost.

Dieser ganze Chemiebaukasten wird von uns eingeatmet, gegessen und getrunken und lagert sich in unserem Fettgewebe und den Organen ab. Parallel dazu steigt die Zahl der so genannten Zivilisationskrankheiten wie Krebs, Allergien, Hautreizungen und Unfruchtbarkeit in bedrohlichem Ausmaß an. Merz gehört dem wissenschaftlichen Beirat des Netzwerkes für MCS-Erkrankten an. Von der Multiplen Chemikalienunverträglichkeit (MCS) ist bereits jetzt ein Teil der Bevölkerung betroffen. In nicht wenigen Fällen äußert sich das als Schlaflosigkeit, permanente Übelkeit bis hin zu Geschwüren, Herzerkrankungen und neurologischen Schädigungen.

Meist dauert es aber Jahre, bis MCS erkannt wird und dem Kranken die richtige Diagnostik und Behandlung widerfährt. Manche haben eine Odyssee von weit über 30 Ärzten und Kliniken, einschließlich Psychiatrie, hinter sich, bevor ihnen geholfen werden kann. Nach wie vor existiert eine gewaltige Lobbyvereinigung der chemischen Industrie, die versucht, seriöse Forschungen zu verhindern. Dabei werden dann auch schon einmal Fachleute gekauft und Testergebnisse manipuliert.

So wurden jahrelang die Symptome von MCS als psychosomatisch erklärt und der Begriff "Chemiephobie" in die Fachwelt gestreut. Doch weltweite und vergleichende Studien haben in den letzten Jahren den Verdacht der krankmachenden Chemie erhärten können. So wurde vielfach belegt, dass die meisten MCS-Patienten aus Berufen stammten, in denen sie überdurchschnittlich oft mit bestimmten chemischen Produkten in Berührung kamen.

1991 stellte der Umweltrat fest, dass "ein kausaler Zusammenhang zwischen MCS und vielfältigen Umwelteinflüssen, die von der Mehrheit der Bevölkerung gut vertragen werden, nicht wissenschaftlich belegt, jedoch auch nicht ausgeschlossen werden kann". Das allerdings trifft nach Ansicht von Fachleuten wie Dieter Eis nur sehr bedingt zu. Deshalb wurden nun Hunderte von Probanden über die letzten Jahre beobachtet. Eine endgültige Aussage hat die Studie bisher nicht erbracht. Obwohl die Untersuchungen, die nun schon seit Jahren in Deutschland ohne abschließendes Ergebnis laufen, bereits in den 70er Jahren in den USA durchgeführt wurden, werden die Ergebnisse im Rahmen der neuen Studie noch nicht einmal erwähnt.

Für den Umwelttoxikologen sieht das sehr nach einer Verzögerungstaktik aus. Auch unliebsame Ergebnisse werden schnell ignoriert. Tino Merz selber war es vor sechs Jahren gelungen, nachzuweisen, dass der Bayer Konzern bei den Labortests zu Pyrethroiden mit manipulierten Zahlen gearbeitet hatte, um den Verkauf des Produktes nicht zu gefährden. Dieselben Leute, die MSC-Kranke bis heute als "Ökochonder" bezeichnen.

Erlanger Fake – Vertauschung von Ursache und Wirkung

Publiziert auf CSN = Chemical Sensitivity Network, 8. September 2009

Wie oben gezeigt, hätte die Psychodebatte gar nicht stattfinden dürfen, wenn es nach dem anerkannten Stand der Wissenschaft (auf WHO-Level) gegangen wäre.

Wie ist sie nun eingeführt worden? Grundlage für den „Ökochonder", der i. Ü. von der Ärztezeitung 1995 erfunden wurde und dann vom Spiegel wirkungsvoll verbreitet wurde, war die sog. Erlanger Studie von 1995. Der Spiegel hat diese als den wissenschaftlichen Beweis präsentiert, dass alles Gerede über Umweltkranke nichts als Ideologie und Hysterie ist.

Es wurden 90 Patienten untersucht und verlautbart, man habe keinen Umweltbezug finden können, aber psychische Auffälligkeiten. Wissenschaftlich ist seit 1985 durch einen WHO-Kongress in Kopenhagen bekannt und wissenschaftlich festgelegt, dass neurotoxische Stoffe psychische Funktionsstörungen hervorrufen. Singer, der international sehr renommierte Neurologe, stellte 1990 heraus, dass dies Frühsymptome sind (zeitlicher Verlauf s. u.). Die psychischen Auffälligkeiten waren demnach der Umweltbezug. Dass man solche finden würde, war im Voraus zu erwarten. Man hat einfach die Ursache mit der Wirkung vertauscht und eine neue Ursache erfunden. Das praktische am Erlanger Fake ist, dass er in anderen Studien wiederholt werden kann. Das Ergebnis ist garantiert.

Es sei noch angemerkt, dass die Struktur der psychischen Störungen anders ist als bei psychiatrischen Erkrankungen. Dies ist in der RKI-Studie nachlesbar (S. 170 ff) und auch die gängige Erfahrung von Patienten, die sich einer psychiatrischen Untersuchung gestellt haben. Vielen wurde gesagt: "Sie haben psychische Probleme, die aber nicht psychiatrisch therapierbar sind". Dies zeigt, dass eine gründliche psychiatrische Untersuchung stets zutage bringt, was seit über 20 Jahren wissenschaftlich bekannt ist.

Es sei schließlich darauf hingewiesen, dass der Arbeitskreis MCS der DE-GAUM (Deut. Ges. f. Arbeits- und Umweltmedizin) 2002 publiziert hat, dass MCS eine schwere organische Erkrankung ist und Psychotherapie allenfalls stützenden Charakter haben kann. Leider werden solche Eingeständnisse von der Patientenszene nicht genutzt und so der Weg geebnet, dass derartige Fortschritte auch wieder zurückgenommen werden, was 2005 erfolgte.

Wären die wissenschaftlich entscheidenden Tatsachen bei den Betroffenen bekannt, wären solche Revisionen nicht möglich.

Als Ursache für MCS sind folgende Substanzen wissenschaftlich gesichert: Lösemittel, Organophosphate, Carbamate, Pyrethroide, einige chlororganische Pestizide, Kohlenmonoxid, Schwefelwasserstoff und Quecksilber erzeugt wird.

Recht: Körperverletzung

Unfug ist nicht strafbar. Ein Anwalt antwortete auf die Frage, was das denn sei, wenn einer ein Lehrbuch schreibe, die Vergiftung falsch darstelle und so den Patienten schade, das sei „gemein", aber nicht strafbar.

Täuschung in einem Verfahren ist Prozessbetrug. Wenn der Gutachter sich aber darauf berufen kann, dass er nach einem solchen Lehrbuch vorgegangen sei, was dann? Scheckfälschung, Kunstfälschung, Dokumentenfälschung ist strafbar. Aber natürlich hat es seinen Grund, warum alle diese Formen der Täuschung _extra_ unter Strafe gestellt werden. Doktorarbeiten zu fälschen, indem man Abgeschriebenes als eigene Leistung ausgibt, ist nicht strafbar, hat aber auch seine Konsequenzen.

Nun, die oben angeführten Beispiele sind teilweise Prozessbetrug, soweit sie freie Erfindung sind. Den Nachweis zu führen ist aufwendig, die Glaubhaftmachung muss über hohe Hürden. Der Unfug ist nur schwer zu packen. Das ist eine Aufgabe, die über die Ebene der Juristerei hinausgeht.

Aber bei der Sache gibt es noch einen ganz anderen Aspekt, der eine andere Straftat ins Auge fasst: Körperverletzung. In Artikel 2 Abs. 2 des Grundgesetzes ist die körperliche Unversehrtheit gesondert garantiert. Und ganz allgemein ist rechtlich die menschliche Gesundheit ein hohes Gut und hat demgemäß bei einer Rechtsgüterabwägung ein hohes Gewicht. Dennoch wurden Gebäude auf Altlasten gestellt, die Opfer nicht entschädigt, ja selbst Mietminderung war schwer durchsetzbar.

Jener Schutz kommt bei den chronisch Vergifteten nicht an. Die Rechtslage wird durch Gutachten unterlaufen. Als Hebel dient eine Falschdarstellung des Standes der Wissenschaft, mit dem Ziel, Gefahrenabwehr in Vorsorge oder gleich in Restrisiko zu verwandeln. Der rechtliche Kunstgriff: Forschungsbedarf ist rechtlich dem Restrisiko zugeordnet, welches kein Rechtsschutz geniest.

Hauptansätze sind die Behauptungen,

1. die aus den chronischen Schadstoffbelastungen resultierenden Krankheiten gäbe es (noch) nicht, sie seien noch nicht definiert und überhaupt sei die Ursache noch zu erforschen.

2. Der andere Ansatz ist der zu hohe Grenzwert. Eine kleine Zahl in einem Anhang einer Vorschrift unterläuft spielend Gesetz und Verfassung.

Die entscheidenden Jahre, waren die 80er. Dort wurden die wichtigsten (d. h. häufigsten) Umweltkrankheiten definiert: 1982 Sick-Building-Syndrom, 1985 die toxische Enzephalopathie, 1987 die multiple Chemikaliensensitivtät (MCS) und Anfang der 90er Jahre das chronische Müdigkeitssyndrom (CFS). (Diagnosekriterien s. o. S. 23f).

Es waren auch die 80er Jahre, in denen anerkannt wurde, dass bei einigen Stoffen, die bereits ubiquitär geworden sind, also weltweit überall nachweisbar, die „Grenzen der Belastbarkeit erreicht oder überschritten" sind. Das steht im Jahresgutachten der Sachverständigenrates für Umweltfragen (SRU) bereits von 1987. Seither wurde alles getan, diese Erkenntnis zu unterdrücken.

Unfug kann noch als fahrlässig durchgehen. Sofern aber jener gegen alle Kritik wiederholt verteidigt wird, ist es Vorsatz. Hier zeigt sich ein wichtiger Kern der so vielschichtigen Phantomdebatte.

Auch für den Innenraum zeigten erste orientierende Messungen, dass sich die Wertebereiche der VOC im Innenraum und für subchronische Reaktionen beim Menschen (Mølhave-Versuch 1985, Innraummessungen des UBA 1985) berühren, d. h. die Wertebereiche „Innenraumbelastung" und chronisches Erkrankungsrisiko überschneiden sich. Das hat zu Erkrankungen geführt und tut es weiterhin.

Es folgen Einzeldarstellungen und eine systematische Betrachtung, in welcher Weise Körperverletzung stattfindet.

Innenraum und Körperverletzung
Publiziert am 17. Januar 2013 von Dr. Merz

In Gebäuden, Büros, Verwaltung, Banken, privat oder staatlich, in Schulen, überall werden „moderne" Materialien verwendet, die ausgasen und toxisch sind. Bekannt seit Mitte der 80er Jahre, machen VOC seither krank und werden kleingeredet, etwa indem aus der chronischen Wirkschwelle eine "Komfortgrenze" gemacht wird. Wir haben genaueste Fakten zur Wirkschwelle (Dosis) aus Menschenversuchen (wissenschaftlich: "Probantenversuche"). Daraus wissen wir seit 1985, dass die Innenraumbelastung schon im Durchschnitt krank macht und zwar irreversibel. Jenes Schönreden liegt zwischen fahrlässiger und vorsätzlicher Körperverletzung. Manchmal nutzt es, dies auszusprechen.

Dazu ein Beispiel:

Es waren mal wieder die Grenzwerte „weit unterschritten" (natürlich nur die akute Wirkschwelle), einige Mitarbeiter zeigten gesundheitliche Auffälligkeiten: Bilder zeigten, dass die Schleimhäute stark angegriffen waren: rote, tränende Augen, verquollenes Gesicht, Probleme im HNO-Bereich. Gemessen waren u. a. erhöhte Konzentrationen von Aldehyden. Das sind die aggressivsten Bestandteile der VOC-Gemische. VOC (Volatile Organic Compounds) sind Lösemittel. Aldehyde sind sehr reaktionsfähig. Das ist alles bekannt. Die chronische Wirkschwelle des TVOC (Summenwert der Lösemittel) war nicht weit überschritten. „Normal"erweise wird dann das Opfer beschimpft, als Ökochonder oder Rentenneurotiker.

In diesem Fall aber wurden nach langer Diskussion Räume saniert. Was machte den Unterschied? Gewirkt hat meine rechtliche Interpretation: fortgesetzte Körperverletzung, wobei es sich rechtlich noch so verhält, dass bei andauerndem Ignorieren der Raumluftbelastung der Straftatbestand der Fahrlässigkeit in den des Vorsatzes übergeht. Für letzteres genügt billigendes Inkaufnehmen.

Verwaltungsfachleute verstehen so etwas. Würden die üblichen Betroffenenorganisationen – sowohl die SHG's als auch die Umweltmediziner – an die rechtliche Seite denken bzw. sich zu denken getrauen, würde diese potente Quelle schwerer Hirnschäden wieder verschwinden.

Der Rechtsstaat ist kein Automat. Wer Recht hat, muss es ggf. beweisen und durchsetzen. Bleibt die eine Seite zu zaghaft, entsteht Unrecht. Im Fall der Nervenschäden durch Gebäudechemikalien sind die Betroffenen seit Ende der 90er Jahre ins Hintertreffen geraten, weil sie nicht um Rechte kämpfen, sondern um Anerkennung bitten.

Schulen und immer wieder Schulen

Publiziert am 17. Juni 2011 von Dr. Merz

Erst waren es die PCB vergifteten Schulen – etliche wurden abgerissen -; seit Ende der 90er Jahre sind es die VOC (volatil organic compouds, Lösemittel) in Neubauten und nach Renovierung. Beliebt sind "moderne" Teppichböden, die zu körperlichen Beschwerden führen. Seit den 80er Jahren ist bekannt, dass sie Nervenschäden erzeugen – Mäuseversuche mit Teppichluft, MCS bei den Mitgliedern der EPA (am. Umweltbehörde im neuen Gebäude).

Die Unfähigkeit zum Lernen ist schon schlimm genug, wirklich schlimm ist, dass sich seit einem Jahrzehnt die Verantwortlichen einen Wettbewerb veranstalten, wer kreativer im Schönrechnen ist. Auf kranke Schüler und kranke Lehrer wird dabei keine Rücksicht genommen. Die Berufung auf Wissenschaft ist nur noch Fiktion und es ist ungesetzlich.

Die Grundfigur ist immer die gleiche: die Grenzwerte seien unterschritten, somit sei objektiv widerlegt, das die Gesundheitsbeschwerden etwas mit der neuen Schulde zu tun hätte. Daran ist alles falsch.

Wenn auffällige Beschwerden/Erkrankungen in Bezug auf Ort-Zeit-Koordinaten auftreten, existiert Handlungsbedarf, auch dann wenn die Grenzwerte tatsächlich eingehalten wären.

Beschwerdebilder sind nicht "subjektiv". Diese Unterstellung verletzt die Menschenwürde. Es ist auch medizinisch falsch. Wer anhaltende Beschwerden hat, ist krank. Die Objektivierung erfolgt durch die Diagnose. Alle Umweltkrankheiten sind definiert (WHO) und auch anerkannt (ICD-10, Diagnosenliste der WHO).

Meist wird nicht gesagt, wer welchen Grenzwert überhaupt meint. Man findet immer 50 bis 100 Substanzen. Bewertung nach Einzelstoffkriterien ist wissenschaftlich seit den 80er Jahren überholt wegen der Synergismen (Kombinationswirkungen). Bewertungskriterien für die VOC-Summe (TVOC) existieren seit den 80er Jahren auf der Basis von Menschenversuchen. Die Innenraumkommission hat daraus drei Richtwerte abgeleitet: akut, subchronisch und chronisch. Maßgeblich für die Langzeitbelastung ist letzterer. Der wird nie in Betracht gezogen, ist aber immer überschritten. Die Kapriolen, die eine "Unterschreitung" begründen wollen, wären eigentlich zum Lachen, wenn sie menschlich nicht so gemeine Auswirkungen hätten.

Die Verantwortlichen präsentieren dann das Ganze propagandistisch so: es sei wissenschaftlich eindeutig bewiesen, dass nichts sei. Die Lautstärke verrät schon die Unsicherheit. Die "Eindeutigkeit" bleibt meist unter Verschluss.

Ein Rat an die Betroffenen: stärken Sie sich gegenseitig, denn es wird immer versucht, die Kranken einzuschüchtern. Machen Sie sich klar, dass das Nichthandeln schon fahrlässige Körperverletzung ist, zusätzliche Verunglimpfung ist dann Vorsatz. Lassen sie sich nicht auf "Konsensbestreben" ein. Das ist nie ernst gemeint.

Umweltkranke und Rechtsschutz

Der Rechtsschutz wird unterlaufen

Umweltkranke, insbesondere solche mit der Diagnose MCS genießen keinen Rechtsschutz. Im besten Fall werden sie achselzuckend abgewiesen, der Krankenstand sei unklar oder rätselhaft, vielfach werden sie beschimpft oder gar ein Zwangspsychiatrisierung gefordert. Letzteres ist Körperverletzung.

In einem Rechtsstaat ist Körperverletzung eine Straftat. Wer solche Taten verschleiert, begeht Beihilfe. Diesen Schutz genießen aber die nicht, die vergiftet werden. Gemeint ist nicht die offensichtliche Sofortreaktion auf Gifte in Luft, Wasser oder Nahrung (akute Vergiftung), sondern die chronische Vergiftung, die Körper und Geist langsam ruinieren.

Die Ausrede lautet stets, es sei wissenschaftlich noch ungeklärt, ob es einige Krankheiten, die aus einer chronischen Belastung (Langzeit-Niedrigdosis-Belastung) folgen sollen, überhaupt gibt. Solche Behauptungen sind die reine Unwahrheit. Das ist der Sachstand der 70er Jahre.

Im TV hört sich das so an: Moderator (J. B. Kerner), „man hat uns gesagt, es gibt die Kranken aber die Krankheit gäbe es nicht." Für Gerichte ist das die ideale Vorgabe für eine Klageabweisung (Aus einem Urteil: „MCS ist ein schwer fassbares, individuell ausgeprägtes Krankheitsbild. Angesichts der Tatsache, dass es sich bei MCS, auch in Fachkreisen nach wie vor um ein hoch umstrittenes Krankheitsbild handelt, können im vorliegenden Fall keinen neuen Erkenntnisse erwartet werden." Nun, diese Diskussion gibt es seit mehr als zwei Jahrzehnten. Sie geht aber auch seit dieser Zeit am Stand der Wissenschaft vorbei. Wer sich ausreichend kundig macht, muss anerkennen, dass MCS definiert ist (durch Cullen 1987, heute anerkannt als Konsenskriterien, vgl. o.) und wissenschaftlich auf höchster Ebene anerkannt ist, nämlich durch die Aufnahme in den ICD-Thesaurus der WHO (ICD-10 ist die Liste der international anerkannten Diagnosen).

Oben unter „Phantomdebatte" wurde die wissenschaftliche Entdeckungs- und Entwicklungsgeschichte skizziert. Demnach ist MCS nichts Neues und nichts Unerforschtes. Es wurde vor mehr als einem halben Jahrhundert entdeckt, Nachweise wurden geführt, ein Standardwerk geschrieben und Therapieansätze entwickelt.

2003 plusterte sich dann die deutsche Medizin und sagte, halt mal, da müssen wir doch erst forschen! Sie haben sich dann auf 350 Seiten gründlich blamiert, aber eben nur international und wissenschaftlich – das deutsche Rechtssystem glaubt, dies sei der Stand der Wissenschaft. Das allein war der Sinn der Übung. Erst der Erlanger Fake und dann völlig untaugliche Pseudowissenschaft vernichten zusammen das Wissen um eine der wichtigsten und leidvollsten Krankheiten unserer Zivilisation, um die Rechtsansprüche der Millionen Opfer damit aufzuheben.

2007 wurden von Pall weitere grundlegenden biochemischen Pathomechanismen aufgeklärt. Wir wissen nun darüber mehr als etwa über Alzheimer. Die deutsche Umweltmedizin hat das gefeiert und hat damit die Sache nur schlimmer gemacht. Sie hat nämlich so getan – und wusste es wohl auch nicht besser – als sei nun erst MCS wissenschaftlich aufgeklärt. Das Schlimme daran ist, dass damit zementiert wird, was immer wahrheitswidrig behauptet wurde: MCS sei ein neues rätselhaftes Phänomen. Rechtlich gilt als Maßstab der allgemein anerkannte Stand der wissenschaftlichen Erkenntnis (Kurz: Stand der Wissenschaft). Der ist stets veraltet. Wer mit neuesten Publikationen kommt wird vor Gericht scheitern, denn dort gilt nichts, was noch in der Diskussion ist.

Fazit zum Stand der Wissenschaft

MCS ist definiert und wissenschaftlich auf WHO-Niveau anerkannt: ICD-10 T78.4. Der ICD – International Classification of Diseases – ist Klassifizierung: T steht für äußere Verletzung (Vergiftung) und 78.4 ordnet sie der Immunologie zu als unspezifische Überempfindlichkeit. Die Diagnosekriterien werden dadurch vollinhaltlich bestätigt (vgl. o. S. 23f). Typisch ist eben jene chronische Überempfindlichkeit, die heute (noch) die anderen vertragen und die durch chronische Belastung entstanden sind. Das gibt es keinen Forschungsbedarf und keine Notwendigkeit, weiterer wissenschaftlicher Qualitätssicherung. Wer das behauptete der schleiche sich in die Bibliothek.

Fazit zum wissenschaftlichen Diskurs

Krankheiten sind immer klinisch definiert. Heute vergessen das Mediziner gern, weil mittlerweile das Labor die Diagnostik dominiert. Diese Labordiagnostik ist aber bei MCS hochkomplex ohne starre Muster. Nach jenen Kriterien aber kann jeder Arzt eine Verdachtsdiagnose stellen. Er muss sich nur darüber im Klaren sein, was unspezifischen Überempfindlichkeiten konkret bedeuten. Unspezifisch wird oft als ungenau übersetzt. Nichts könnte falscher sein, In diesem Fall muss man das mit schlimmer übersetzen: bei anderen Allergien kann man die Allergie durch einen spezifischen Antikörper oder eine spezifische zelluläre Immunantwort dingfest machen, bei MCS muss der Patient qualvoll lernen, was er meiden muss. Vielfach kann er nur sagen, dass er einen bestimmten Raum nicht verträgt. Wie will man so Abhilfe schaffen.

Die Diskussion auf Kongressen und Workshops seit Mitte der 80er Jahre um Laborparameter, dient der Suche nach Therapieansätzen. Für Mediziner sind solche oft konkreter als die komplexe Klinik chronischer Vergiftungen. Aber seit Band 4 des Rea'schen Standardwerkes und den Publikationen der Researchgruppe um Pall sehen wir, dass die Labormarker noch komplexer sind. Das Wissen darüber, dass heute abrufbar ist, ist sicher größer als unser Wissen über M. Parkinson oder Multiple Sclerose, zumindest jedoch ist die Aufklärungstiefe bei letzteren zweifelsfrei anerkannten Diagnosen kaum besser.

Spezifische Überempfindlichkeiten – d. h. Allergien des Typs I, III und IV - können damit einhergehen, – lt. Rea zu 80%. Das liegt in der Natur unseres Immunsystems. MCS, CFS und andere Folgen chronischer Vergiftungen werden oft durch Allergien aller Typen begleitet – Schwerpunkt auf Typ IV – wesentlich für MCS ist aber die unspezifische Überempfindlichkeit und dies wird auch durch die Unterziffern 78.4 ausgedrückt.

Kausalität

Von den verursachenden Substanzen sind seit den 80er Jahren etliche Pestizide (Chlororganika, Organophosphate) und Lösemittel identifiziert. Die Liste wurde von Pall stark erweitert: Organophosphate (OP), Carbamate, die chlorierten Pestizide Chlordan, Lindan, Dieltrin und Altrin, Pyrethroide (beide Arten), Lösemittel (VOC), Kohlenmonoxid (CO), Schwefelwasserstoff (H_2S) und Quecksilber (Hg) und als Naturstoffe die Mykotoxine.

Prinzipiell kommen alle sensibilisierenden Stoffe (immuntoxisch) in Frage. Heute sind über 300 sensibilisierende Arbeitsstoffe anerkannt und die Liste wird jedes Jahr länger.

Wer hat's erfunden?

Die europäische Diskussion – auf Kongressen, vor Gericht und im Internet – hat die wissenschaftliche Entwicklung erst verschlafen und dann hat sich jeder aufgemacht, das Rad neu zu erfinden. In Deutschland etwa steht dafür die „Multicenterstudie" des Robert-Koch-Instituts: auf 350-Seiten wird feststellt, dass keiner in der Lage ist, überhaupt die Diagnose zu stellen. Mit 16 Jahren Verspätung wird von vorn angefangen ohne Ergebnis.

Gesellschaft und Politik

1992 hat Präsident Bush sen. ein Antidiskriminierungsgesetz zum Schutz von Behinderten unterzeichnet. Dort ist MCS ausdrücklich genannt.

Die europäische Umsetzung der UN-Konvention lässt offen, wer geschützt wird. Bei Umweltpatienten wird nicht an Behinderung und auch nicht an die UN-Konvention für Behinderte gedacht. Sie sind aber die größte Gruppe. Dennoch kommen sie nicht in den Genuss der UN-Konvention für Behinderte.

Rechtproblem nicht gesehen

De Facto sind sie in Europa ihrer Rechte vollständig entkleidet worden – kein Versicherungsschutz, keine Rente, kein nichts. Der gesetzliche Schutz wird unterlaufen und zwar indem die wohldefinierten und erforschten Krankheiten auf bloße Hypothesen zurückgestuft werden. Man spricht von rätselhaften Krankheiten und bietet ersatzweise die Psychothese an. Dieser Vorgang wiederholt sich seit 1995 in Gutachten immer wieder.

Dagegen ist festzustellen, dass alle Gutachten, die die Diagnosekriterien ignorieren wissenschaftlich und rechtlich nichtig sind.

Diese gehen aber zu 99% von der falschen Voraussetzung aus, dass MCS und die vier anderen häufigsten Erkrankungen durch chronische Giftbelastung eben unerforscht und rätselhaft seien. Die Rechte der Vergifteten werden unter einem Berg solcher Gutachten begraben.

Es gibt nichts Rätselhaftes: die Symptomvielfalt enthält charakteristische Muster, die die Grundlage der klinischen Definitionen – 80er Jahre - bilden. Die Diagnosen sind also definiert und somit ist Objektivierung im Einzelfall kein Problem; der Gutachter muss sich nur an den allgemein anerkannten

Stand der wissenschaftlichen Erkenntnis halten. Da das die wenigsten tun, verletzen sie den gesetzlichen Schutz der chronisch Vergifteten.

Fahrlässigkeit und Vorsatz

Wenn man einem Kranken nicht hilft, ist das unterlassene Hilfeleistung. Wenn man sich nicht ausreichenden kundig macht - und nach fast 20-järiger Debatte, gibt es da keine akzeptable Ausrede – so ist das zumindest fahrlässige Körperverletzung. Hinzu kommt:

- Erzwungene Reha-Maßnahmen: jede Behandlung gegen den Willen des Patienten ist Körperverletzung.
- Die generelle Situation der chronisch Vergifteten ist das Verkümmernlassen. Sie bekommen keine adäquate Therapie und die schweren Fälle können keinen Wohnraum finden, der Ihnen als Refugium dienen kann. Wir kennen die Suizidrate nicht. In den Foren tauchen aber hin und wieder Hilfe- und dann auch Nachrufe auf.
- Es ist vorsätzliche Körperverletzung, chronisch Kranke auch durch Beschimpfung zu demütigen.

Fazit

Gutachten entscheiden Rechtsstreitigkeiten. Sie müssen der Wahrheit entsprechen. Konkret bedeutet dies, dass sie sich an den allgemein anerkannten Stand der wissenschaftlichen Erkenntnis zu halten haben. Dieser ist wie oben skizziert eindeutig. Er erlaubt keine Berufung auf angeblichen Forschungsbedarf.

Letzteres gilt nur für die Frage der Therapieansätze und –strategien. Für diese gilt, dass Verbesserungen möglich sind, der Krankenstand aber chronisch bleibt. Es handelt sich bei etwa einem Drittel der Fälle um Schwerbehinderung.

Solange erwachsene Menschen solchen Unfug glauben, dass es Kranke ohne Krankheit gibt und das vielleicht auch noch als Ausdruck besonders kritischer Wissenschaftlichkeit, solange Anwälte in den üblichen Gutachten nur „Gutachterstreit" und nicht Rechtsverletzung sehen, solange Umweltmediziner selbst den Stand der Wissenschaft nicht kennen, solange werden die Patienten gezwungen sein um Anerkennung zu bitten, statt ihre Rechte einzufordern und durchzusetzen.

Grober Unfug kann zu sehr weitreichenden Schäden führen. In den Fällen der Umwelterkrankungen ist es gewissermaßen ein Super GAU, nämlich das Unterlaufen des elementarsten Rechtsschutzes.

Die Berichterstattung - falsche Aufreger und falsche Normalität

Körperverletzung bis hin zu 100%-er Invalidität ist heute in unserer Gesellschaft ein normaler Vorgang, seit etlichen Jahrzehnten, wissenschaftlich bekannt seit der Mitte der 80er Jahre und wir wissen auch um die gewaltigen Ausmaße.

Chronische Erkrankungen sind im Vormarsch. Sie machen schon 20% der Patienten aus und 80% der Kosten. Geht man von den Allergikerzahlen aus, so sind 30% der Bevölkerung umweltkrank. Einige Verursacher sind identifiziert: für Dioxine und Furane, für PCB und „einige Pestizide", für die Schwermetalle Cadmium und Blei, sowie für Nitrat im Trinkwasser waren die Belastungsgrenzen „erreicht oder überschritten" (SRU 1987). Die VOC im Innenraum kommen hinzu und sind wohl seither die am häufigsten identifizierten Verursacher für den gesundheitlichen Ruin vieler.

Das alles ist bekannt samt den Ursachen. Aber darüber wird in der Öffentlichkeit nicht gesprochen. Robbenfang wird verboten, Menschen vergiften nicht.

Die Schieflage beginnt bereits bei der Themenauswahl. Pferdefleisch in der Lasagne ist ein Pressehype; das Thema wird immer wieder aufgegriffen, wenn neue Details auftauchen. Millionen chronischer Vergiftete dagegen sind ziemlich langweilig. Pferdefleisch kann niemanden schädigen. Es mag wohl Betrug sein, aber einen echten Schaden hat niemand davon. Wenn irgendwo ein Papagei niest, werden im weiten Umkreis die Gänse gekeult. Sicher, Vogelgrippe kann tödlich enden und Vorsorge ist damit angesagt.

Würden Gifte mit der gleichen Konsequenz behandelt, hätte uns das längst gesunde Innenräume und Innenstädte beschert, was i. Ü. nicht schwer ist. Die Steigerung der Kosten für chronisch Kranke ist teurer. Konsequente Vorsorge und Prävention funktioniert aber nur bei Problemen der Hygiene, da Epidemien der große Horror aus vielen Jahrhunderten bis hinein ins 19. Jahrhundert waren. Diese Erfahrung wirkt bis heute. Aber dieses Bild ist auf das Problem mit den chronisch Kranken nicht anwendbar.

Der Verlauf ist anders, die Prävention gerät sogar mit der Hygiene – zumindest scheinbar – in Konflikt und Prognose unterscheidet sich.

Großflächige Vergiftungen dagegen sind noch nie Thema gewesen. Gebäude, die dem Verdacht nach zu Erkrankungen beim Menschen geführt haben, werden nicht als Ursache diskutiert. Der Unterschied zu der Feststellung des SRU ist, dass ubiquitäre Überbelastungen wie bei PCB oder Dioxin abstrakt bleiben und die Schuld gleichmäßig auf alle verteilt wird.

Bei konkreten Opfern ist das anders. Jede Ausrede ist statthaft. Und die klassische Ausrede, es wissenschaftlich nicht nachweisbar, funktioniert immer. Die Opfer werden allein gelassen und wenn sie zu laut weinen, beschimpft und ausgegrenzt. Mag die eine oder andere Diskussion die formaldehydarme Spanplatte erbracht haben, mögen an der einen oder anderen Schule neue Fußböden eingebracht worden sein, aber Erkrankungen durch die Innenraumchemie ist kein Thema. Technische Änderungen sind nach langem Kampf durchsetzbar, aber die Anerkennung und gar Entschädigung chronisch Kranker, wird mit allen Mitteln abgewehrt.

Soweit chronische Vergiftungen dennoch (Rand)Thema werden, werden sie stets reduziert im Sinne eines Tunnelblicks auf ein Detail unter Ausblendung des Gesamtzusammenhangs. Und aus den 80er Jahren hat sich vor allem die Fähigkeit erhalten, mit allen Tricks Risiken klein zu rechnen. Dioxin ist immer noch ein Thema und die alten Rechentricks, die vor drei Jahrzehnten immer wieder moniert, immer wieder korrigiert wurden, werden heute wieder angewandt, nur die Diskussion dazu wiederholt sich nicht.

Beispiel für Tunnelblick:

Die Sache im Cockpit wurde auf eine Stoffgruppe reduziert: nur TCP (Trikresylphosphat) statt aller 200 Substanzen. Der flugunfähige Pilot wäre noch flugfähig, hätte er die Sauerstoffmaske etwas früher aufgesetzt, hätte die beiden Piloten damit noch länger gewartet, dann wäre vielleicht wieder eine Maschine rätselhafterweise vom Bildschirm verschwunden. Erst Tunnelblick, dann Fehlbewertung. Nicht einmal ‚cockpit', deren Mitglieder unmittelbar betroffen sind, wollen es genauer wissen.

Chronisch kranke Stewards und Stewardessen sind seit langem bekannt. Es ist ein echtes Berufsrisiko. Aber wenn sich die Betroffen nicht selbst dafür interessieren, da müssen sie sich dann nicht wundern.

Alte Rechentricks:

Dioxine und Furane bestehen aus 135 + 210 Einzelstoffen (Polychlorierte Dibenzodioxine und –furane). Für ihre Bewertung sind deshalb sog. toxische Äquivalente – eine gewichtete Summe der giftigsten Vertreter – eingeführt (international harmonisiert). Doch wenn nun „Dioxin" wieder einmal Schlagzeilen macht: wieder wird nur ein Bruchteil zugeben, nur eine Substanz genannt (das 2378-TCDD, das Sevesogift), also alles wieder auf „los".

TCP – Nervengift im Flieger

Publiziert am 6. Oktober 2012 von Dr. Merz

Gerüche und die Fast-Ohnmacht eines Piloten haben ein neues chemisches Risiko zutage gefördert: TCP (Trikresylphosphat) in Ölen können u. U. in die Kabinenbelüftung gelangen, dabei ist der Geruch nach alten Socken noch das geringste Übel.

TCP ist ein Dreifachester der Phosphorsäure mit Kresol, einem Phenolabkömmling. Solche Ester heißen Organophosphate und sind starke Nervengifte. Das ist seit hundert Jahren bekannt. Es wurden eine große Anzahl OP entwickelt. Als Tabun und Sarin töten sie in Sekundenschnelle. Das Parathion wurde als E605 berühmt. Als Pestizde sind sie bis heute im Gebrauch und führen zu unterschiedlichen Nervenkrankheiten: chronische Müdigkeit (CFS) und toxische Enzephalopathie (TE).

Obwohl der grundlegende Wirkmechanismus bei allen OP der gleiche ist resultieren unterschiedliche Krankheiten. Der Organismus reagiert an seiner schwächsten Stelle.

CFS, chronische Erschöpfung, ist Resultat einer Unterversorgung der Zellen mit Energie (Mitochondriopathie). Jede kleine Anstrengung führt rasch zu bleierner Müdigkeit. Der Schlaf ist nicht mehr erholsam. Die Aufmerksamkeit und Konzentration leidet und keiner glaubt den Betroffenen.

TE ist ein Bündel von Funktionsstörungen im zentralen Nervensystem. Bei langsamen Verlauf, ist es zuerst die Psyche, die schlechter funktioniert: Lustlosigkeit bei erhöhter Reizbarkeit und sozialer Rückzug; dann folgen mentale Defizite: schlechtes Kurzzeitgedächtnis, Konzentrationsmangel, mentale Langsamkeit, dann Schlafstörungen, chron. Müdigkeit, Kopfweh, sexuelle Dysfunktion, Taubheitsgefühle an Händen und Füßen. Der Betroffene merkt viel zu spät, dass etwas nicht stimmt.

TCP in der Kabine kann auch zu Vergiftungen führen, wenn es nicht stinkt, langsam, bei Vielfliegern und Personal. Hinzu kommen die obligatorischen Sprühaktionen mit anderen OP oder Pyrethroiden. Fliegen ist, so wie heute betrieben, unmittelbar ungesund.

Mischintoxikationen im Cockpit

Publiziert am 30. Oktober 2012 von Dr. Merz

Bei jedem Giftproblem wiederholt sich das Gleiche: ein Verständnis von Wissenschaft, dass – spätestens (!) – seit den 80er Jahren überholt war, überzeugt die Laien: die Journalisten, die Techniker, die Juristen, ja auch die Betroffenen zu deren Schaden.

Wir wissen seit den 80er Jahren, dass chronische Intoxikationen keine spezifischen Symptome kennen. Solche als Nachweis zu verlangen, ist nichts anderes als den Opfern ihre Recht zu entziehen. Wir wissen auch seit der 80er Jahren, dass Einzelstoffbewertungen abwegig sind. Es sind nur sehr selten Einzelstoffe, die zu toxischen Nervenschäden, Hyperreagibilitäten, chronischer Müdigkeit u. ä. führen. Hier den Einzelstoffnachweis als Nachweis der Schädigung zu verlangen, ist ebenfalls Rechtsbruch: genau so wird derzeit mit den erkrankten Flugbegleitern und Piloten verfahren. Wir wissen die Kabinenluft wird aus der Turbine abgenommen. Öle, toxische Zusatzstoffe (etwa TCP) und Pyrolyseprodukte gelangen so in die Atemluft von Personal und Reisenden. VOC (flüchtige organische Stoffe) gelten durchweg als neuro- und immuntoxisch. Von 200 Substanzen ist die Rede. Dies zeigt Handlungsbedarf an. Rechtlich heißt das zunächst Prüfbedarf. Wer den Kausalitätsnachweis vorab fordert, handelt ohnehin entgegen die Gesetze (Stichwort: Gefahrenabwehr). Wer einen Nachweis fordert, der die Wirkung eines oder gar jedes dieser Stoffe im konkreten Krankheitsfall "bewiesen" haben will, hat haarsträubende Vorstellungen von Toxikologie. Solcher Unfug hat den Charme von Beihilfe zur Körperverletzung.

Ein solches Wissenschaftsverständnis ist aber das übliche Leitbild und es wird von manchen Gutachtern gepflegt. In diesem Fall hat mich der eine TV-Journalist verstanden, der andere wollte genau dies von mir: spezifische Symptome von Einzelstoffen, also die doppelte Unmöglichkeit.

Diese falsche Denkweise ist letztlich der Grund, warum so viele Menschen irreversibel erkranken. Der falsche Umgang mit Wörtern, führt zu falschen Gedanken und letztlich dazu, dass Menschen erkranken. Wir wissen wissenschaftlich mittlerweile genau, wie sich dies chronische Pathologie entwickelt: unspezifisch, alle diese Stoffe leisten einen Beitrag. Wer eine Hierarchie für die einzelnen Stoffe wünscht, definiert eine anspruchsvolle akademische Aufgabe, aber toxikologisch ist dies ohne Belang.

Dioxin – RP führt Öffentlichkeit in die Irre

Publiziert am 7. Oktober 2012 von Dr. Merz

Auf einem Firmengelände wurde Dioxin im Boden gefunden und Anwohner waren beunruhigt. Der zuständige RP (Regierungspräsident) beruhigte wie folgt: er sicherte volle Aufklärung zu, was zwei Absätze weiter, so zu lesen war: alle Grenzwerte seien weit unterschritten, im Boden seien 81 bis 113 ng/kg 2,3,7,8-TCDD (Sevesogift) nachgewiesen worden, der Grenzwert für Wohngebiete betrage 1000 ng/kg. Diese schlichte Aussage enthält mehrfach die Unwahrheit (dreifach) und ist rechtswidrig:

In der Bodenschutzverordnung gibt es keine Grenzwerte für 2,3,7,8-Tetrachlordibenzodioxin. Begrenzt werden sog. toxische Äquivalente – I-Teq -, die gewichtete Summe der giftigsten Vertreter der chlorierten Dibenzodioxine und Furane (210 Einzelsubstanzen). Die I-Teq sind in der Regel eine Faktor 10 bis 20 höher (abhängig von der Quelle) als das Sevesogift allein. Wahrscheinlich ist wohl der Richtwert für Wohngebiete überschritten worden und der Vergleich ist falsch und irreführend. Schließlich wurde noch unterschlagen, dass es noch den Richtwert für Kinderspielplätze von 100 ng I-Teq/kg gibt. Drei Lügen in einem Satz, die nur der Fachmann durchschaut. So etwas wird immer wieder versucht, weil es so gut funktioniert. Die Öffentlichkeit ist nicht mehr kritisch. Der Desinformations-Mix ist immer der Gleiche:

(1) Versprechen, was alle hören wollen, (2) dosierte Anmaßung ("RP-Experten") und (3) einen Bruchteil als Ganzes verkaufen (= 90% oder mehr unterschlagen)

Dadurch wird es eigentlich erst schlimm. Es gab in der beschriebenen Situation keine akute Gefahr, aber event. eine chronische Belastung mit Sanierungsbedarf, rechtlich: "Prüfbedarf". Der ist zweifelsfrei gegeben, wenn die Bodenbelastung mutmaßlich das 1000-fache der Hintergrundbelastung – 1 ng/kg – beträgt und ein Transport via Staub in Nachbarschaft nicht ausgeschlossen werden kann.

Statt zu prüfen, wird lieber die Bundesverordnung unterlaufen. Dass Wissenschaft ignoriert wird und zwar selbst dann noch, wenn sie in großzügige Richtwerte gegossen ist, ist der Grund warum es so viele Umweltkranke gibt. Das ist die Basis vieler Burnouts (die später auch chronifizieren können) und dem Ansteigen der Depressionen (lt. Singer die häufigste Fehldiagnose bei toxischen Nervenschäden).

Dioxin – Fettrecycling

Publiziert am 22. Februar 2011 von Dr. Merz

Nach fast zwei Jahrzehnten ist Dioxin mal wieder in den Focus gerückt; Dioxin von Abfallverwertung direkt in die Nahrungskette, wo es sich, wie bekannt, auf-akkumuliert: vom Tierfutter über dessen Fleisch, dessen Milch, bis zum Menschen-futter wird die Konzentration des Giftes immer höher. Dioxin ist das stärkste Gift, das Menschen – unabsichtlich – in die Umwelt entlassen (außer Plutonium) und es stört überall im Organismus – alle Steuersysteme (Nerven, Immunsystem, Endokrinum (Hormone)). Mir war lange nicht klar, wo die Quelle ist. Nun ist es klar: aufbereitetes Frittenfett. Was macht der Frittenbudenbesitzer? Er salzt seine Fritten. So kommt genug Chlor (Salz ist Natriumchlorid) in das Fett. Bei der Aufarbeitung entstehen chlorierte Kohlenwasserstoffe – die chemischen Synthese-Mechanismen sind im Wesentlichen seit der Dioxindebatte der 80er Jahre bekannt.

Background: Auszug aus meiner website:

"Für Dioxin ergibt sich nach dem ADI-Verfahren eine unbedenkliche Dosis von 10 pg/KG Körpergewicht/d. Beachtet man dagegen alle wissenschaftlichen Fakten aus Tierexperimenten, In-vitro-Versuchen und epidemiologischen Daten, wie es die amerikanische Umweltbehörde EPA 1994 vorgelegt hat, so erhält man für die Schädigung des Immunsystems, Krebs, Diabetes und Nervenschäden eine unbedenkliche Tagesdosis von 0,01 pg/KG Körpergewicht/d. Heute ist wohl international Konsens, dass bei einer Belastung von 10 pg/KG Körpergewicht/d die Wahrscheinlichkeit einer Erkrankung sehr hoch ist. Deshalb hat die WHO 1998 einen Grenzwert für die Gefahrenabwehr von 4 pg/KG Körpergewicht/d beschlossen. Dieser Wert ist in der Größenordnung mit dem Mittelwert der toxischen Äquivalente aus Dioxinen, Furanen und coplanaren PCB's in den Industriegesellschaften."

Vollständigen Text auf www.dr-merz.com lesen.

Was nun?

Am Ende der Diskussionsrunde der Sendung 37°+ wurden wir alle von der Moderatorin aufgefordert, nun noch etwas Positives zu sagen. Ich war brav und habe mir etwas Derartiges abgerungen. Heute würde ich mich dem verweigern. Unter „positiv" waren etwa praktische Änderungen gemeint wie lösemittelfreie Kleber etc., denn es wird ja immer behauptet, es gehe nicht ohne. Was Jahrtausende ging, geht heute eben nicht mehr, ohne Chemie undenkbar (!), und „positiv" ist, wenn einer doch ein Beispiel weiß. Oh ich weiß viele Beispiele: es geht ohne Gift. Es ging bis zum 2. Weltkrieg ohne und wird auch wieder ohne gehen. Es gibt die lösemittelfreie Farben und Kleber und die pestizidfreien Dichtungsmassen, den ökologischen Landbau, regenerative Energie und auch Hygiene ohne Gift. Sogar im EHC (Environmental Health Center, Dallas) der weltweit einzigen Klinik, die auch schwere MCS-Fälle aufnehmen kann, gelingt Hygiene ohne Chemie. Wie ? „With soap and water".

Es ging nie um die Sache, zu der man bei jedem Interview Stellung nehmen muss „ja, geht es denn ohne?", sondern um das Ritual. Denn die Frage beantwortet sich von selbst. Wir sind technisch besser als die alten Römer. Die haben sich alle in den Thermen gewaschen und zwar mindestens einmal die Woche. Das kostete 4 Asse. Und bei uns geht es nicht ohne Chlor?

Es geht um die Gehirnwäsche, die jene Frage stellt. Das Ritual ist Teil der Gehirnwäsche. Das verrät schon die Sprache: „ohne" ist negativ und nicht positiv.

Positiv ist eine Denkrichtung, die eine Entwicklung steuert, die gemäß unseren Möglichkeiten nicht nur den Anstieg der Morbidität (immer jüngere Frührentner) stoppt, sondern Energie und Kreativität bis hin zum Antiaging fördert und das von der Wiege an. Keine Chlororganika mehr beim Babyschwimmen. Das ist doch ein positiver Start ins Leben, oder?

Dazu gehört, dass der Steinzeitmensch besiegt wird. Ohne Chemie? - Steinzeit! Ohne Kernkraft? – Steinzeit! Immer wenn sich Vernunft regt, kommt der Mann mit Keule. Ich habe miterlebt, wie einer sich mokiert hat, es sei völlig abwegig, Container aufzustellen, in denen Altglas gesammelt werden soll. Da müsste man ja extra hingehen. Das Problem ist also nicht die Praktikabilität, sondern die mangelnde Vorstellungskraft.

Positiv ist eine Veränderung des Rechtsstaates, die den Betroffenen mehr Mitsprache einräumt. Dazu gehört, dass jene Fachgremien öffentlich tagen und ein Wortprotokoll erstellt wird, dass jederzeit im Internet einsehbar sein muss. Betroffene, deren Ärzte und andere Aktivisten können dann solche Angriffe, wie Erhöhung von Grenzwerten und Vernichtung von wissenschaftlichen Ergebnissen öffentlich abwehren. Das wäre mal eine positive Variante für Shitstorms.

Der Umweltschutzgedanke und die Ökologie muss sich die Bewertungsebene erobern. Die bisherigen Erfolge waren immer an praktische Fragen geknüpft. Man war für oder gegen AKW, für oder gegen Müllverbrennung etc pp. Es ist ein absolutes vitales Interesse unserer Gesellschaft, dass die Ebene der Bewertungen, der Entscheidungsvorbereitungen, öffentlich diskutiert wird. Diese Ebene ist so gut geschützt und gesichert, dass es noch nie irgendeiner Kritik ausgesetzt worden war. Sie regelt alles, aber wird nicht öffentlich diskutiert, kein Wunder, dass die Sonntagsreden und dessen allgemeiner gemeinsamer Nenner nie umgesetzt werden.

Die Plutoniumfabrik in Wackersdorf blieb uns erspart, u. a. deshalb weil die Einwender generalstabsmäßiges Teamwork praktiziert haben. Auch die Müllverbrennung konnte so gestoppt werden. Aber es konnte nicht durchgesetzt werden, dass das technisch Mögliche auch festgeschrieben wird. So bleibt immer die Möglichkeit, dass erneut versucht wird, Müll und Sondermüll in diversen Öfen verschwinden zu lassen, da die Bewertungsebene, die Vorschriften, diese Option offen gelassen hat. Einige Holzschutzmittel wurden verboten, die Vergifteten aber nicht entschädigt. Einige Schulen mit hoher PCB-

Belastung wurden abgerissen, die arbeitsunfähigen Lehrer aber nicht anerkannt. Seit einiger Zeit sind Bodenbeläge mit lösemittelfreien Klebern auf dem Markt, aber auch die VOC-Kranken aus den Gebäuden mit den Bausünden der 90er- und 01er-Jahre werden nicht anerkannt und so ihrer Rechte beraubt.

Es geht um die Rechte. Und die Rechte bzw. die Rechtsprechung orientiert sich an den Bewertungskriterien.

Viele wissen nicht, dass „Grenzwerte" ganz unterschiedlich wirken, dass sie juristisch der Vorsorge oder der Gefahrenabwehr zugeordnet sein können, dass sie sich toxikologisch an der akuten oder der chronischen Wirkschwelle orientieren, die immer 2 bis 3 Zehnerpotenzen auseinanderliegen. Schon in 60er Jahren hatte man anhand von DDT verstanden, dass die große Gefahr nicht von der akuten, sondern von der chronischen Wirksamkeit ausgeht und wie die Akkumulation des DDT im Körper, die Sache verschärft. DDT wurde geächtet, aber die Gefahr nicht gebannt, es wiederholte sich die Diskussion bei HCB, PCB, Dioxin etc. Der neue Stoff wurde immer von vorn herein falsch bewertet und man hätte es eigentlich wissen müssen. D. h. man hat immer wieder die alte Denkweise angewandt – das ist vergleichbar mit einem Schüler, der mehrmals hintereinander sitzenbleibt, weil er's einfach nicht lernt.

Wer vollzeitlich Belastungen in der Höhe der MAK-Werte (Maximale Arbeitsplatzkonzentrationen) ertragen muss, wird mit an Sicherheit grenzender Wahrscheinlichkeit krank. Diese Grenzwerte sind größenordnungsmäßig einen Faktor 1000 zu hoch (verglichen etwa den neuen Richtwerten I des UBA). Sie werden aber bis in die heutige Zeit zur Bewertung herangezogen. Aber es ist die akute Wirkschwelle. Würde die chronische Wirkschwelle für die Lösemittel ernst genommen, die wir seit 1985 durch Menschenversuche (wissenschaftlich: Probantenversuche) kennen, gäbe es keine VOC in Innenräumen und weniger Probleme bei dem Vergleich der Schülerleistungen. VOC machen nämlich das Hirn träge und die Psyche unflexibel.

Die Umweltschützer, Ökologen und Patientenorganisationen haben die Möglichkeiten des Rechtsstaats noch nicht so richtig für sich entdeckt. Der Rechtsstaat ist kein Automat. Er garantiert keine Gerechtigkeit. Er gibt nur Regeln vor, von denen angenommen wird, dass sie fair sind. Das Ergebnis hängt aber davon ab, ob beide Kontrahenten gleich für ihre Ansichten von

Gerechtigkeit streiten. Dazu müssen aber die Chemikalienopfer von Körperverletzung reden und nicht von Biochemie.

Die Chemikalienopfer haben sich zum falschen Thema verleiten lassen. Deshalb hängt die Waage schief.

Ein Beispiel: Das Behindertenrecht in den USA nennt MCS ausdrücklich als schwere Behinderung. Die neue UN-Carta schreibt einen menschlichen Umgang mit Behinderten vor. Die größte Gruppe, die Vergifteten, zählen nicht dazu, wenn die einzelnen europäischen Nationen dies umsetzen. Das ist eine reine Rechtsfrage. Eine gute Gelegenheit Facebook und Twitter einzusetzen.

Es gibt keinen Grund bestimmte Fragen den Experten zu überlassen. Auf den Zahn fühlen müssen die sich schon lassen. Wenn sie das nicht ertragen können, dann können sie auch nichts.

Den Beweis liefert der Zustand der deutschen Medizin: sie erkennt keine chronischen Vergiftungen, denn sie kennt die Definitionen der Umweltkrankheiten nicht. Sogar die Umweltmediziner glauben dabei oft an Forschungsbedarf.

Wenn ich über Bewertungen nicht streite, machen die anderen die Richtlinien, die Verwaltungsvorschriften, die Grenzwerte etc. Unter diesen Umständen gibt es weder Gerechtigkeit noch den gesetzlichen Schutz gegenüber Körperverletzung. Mit Internet, Facebook, Twitter etc. kann jeder mittun. Al Gore hat ein ganzes Buch darüber geschrieben, dass derzeit der Rechtsstaat abgebaut wird: „Wir müssen neue Wege für einen Austausch über unsere Zukunft ohne Manipulation finden. Dazu dürfen wir beispielsweise das Bestreiten und Verzerren wissenschaftlicher Erkenntnisse nicht länger tolerieren. Wir müssen der dreisten Verwendung falscher, ausschließlich zum Zweck der Verdrehung der Tatsachen angefertigter Studien ein Ende machen." Al Gore, „Angriff auf die Vernunft" (deutsche Ausgabe, S. 21). Nach Al Gore hält das Übergewicht der Rechtsstaat-Abbauer – bei uns heißt das Deregulation - schon länger an und die Hilflosigkeit der Betroffenen, auch. „Im TV gibt es keine Kommunikation, jedenfalls keine mit einem Feedback. Die Produktionskosten sind viel zu hoch, als dass es demokratisch zugehen kann und außerdem ist TV Unterhaltung. Vernunft ist langweilig, Zoff ist geil."

So hat die Vernunft immer weniger Chancen und die Angstmache dominiert."
- „Angst ist der größte Feind der Vernunft" (Al Gore, a. a. O. S. 37).

Mit dem Internet kann man die Meinungsmache des TV aushebeln. Darauf setzt Gore und die Entwicklung seit der Veröffentlichung des Buchs 2007 hat auch seine Hoffnung bestätigt, dass Viele gern mittun. Wir haben also die besten Voraussetzungen, positive Veränderungen in Gang zu setzen und wir haben die besten Voraussetzungen, die rechtsstaatliche Waage etwas ins Gleichgewicht zu bringen.

Vernunft ist das einzige Gegenmittel gegen Willkür. Es gibt kein natürliches Gleichgewicht von Vernunft und Willkür. Anders ausgedrückt, es gibt kein natürliches Gleichgewicht von Vernunft und Angst. Ein Rechtsstaat ist auf der Vernunft aufgebaut und funktioniert dann gut, wenn die Leute vor den Entscheidungen Vernunftgründe diskutieren. Diese sind per definitionem unpersönlich. Sie überzeugen oder sie überzeugen nicht.

Es ist also die Frage, nutzen wir das Internet, um einen Lehrer zu mobben oder um die Angst zu besiegen, die Gehirnwäsche zurückzuweisen und uns einzumischen, was bisher in nichtöffentlichen Gremien beschlossen wurde. Meine Lebens- und Berufserfahrung ist, dass es viel geiler ist, so etwas zu tun, als Egopflege und die Sucht nach dem Aufreger der Woche.

So kann man etwa sich darüber austauschen, wie man den eigenen Arzt dazu bringt, sich mit den Diagnosekriterien der chronischen Krankheiten zu befassen und wie ich meinen Anwalt dazu bringe, in diesen Dingen nicht Forschungsbedarf und Restrisiko zu sehen, sondern schwere Rechtsbrüche, wie Prozessbetrug und Körperverletzung. So lässt sich Angst und Resignation zurückdrängen und etwas positiv voranbringen. Die giftfreie Renovierung folgt dann genauso auf dem Fuß wie das Verschwinden von PCB und persistenden Holzschutzmitteln aus den Gebäuden.

i want morebooks!

Buy your books fast and straightforward online - at one of world's fastest growing online book stores! Environmentally sound due to Print-on-Demand technologies.

Buy your books online at
www.get-morebooks.com

Kaufen Sie Ihre Bücher schnell und unkompliziert online – auf einer der am schnellsten wachsenden Buchhandelsplattformen weltweit! Dank Print-On-Demand umwelt- und ressourcenschonend produziert.

Bücher schneller online kaufen
www.morebooks.de

 VDM Verlagsservicegesellschaft mbH
Heinrich-Böcking-Str. 6-8   Telefon: +49 681 3720 174   info@vdm-vsg.de
D - 66121 Saarbrücken   Telefax: +49 681 3720 1749   www.vdm-vsg.de

Printed by Books on Demand GmbH, Norderstedt / Germany